大是文化

台指期
穩賺的訊號

我用北極星投資法，只看兩個訊號、三種 K 線任選，
不用三萬本金，機械性操作年賺30%

《我買台指期，管它熊市牛市，年賺 30%》
暢銷書作者

陳姵伊 ——— 著

北極星

掌握兩個訊號：分別代表行情轉跌／起漲，放空無往不利。

- 空單進場信號（北極星）：

  漲勢中以黑 K 創下新高價，為北極星所在位置，指數將由漲轉跌。

- 空單退場信號：

  跌勢中以紅 K 創下新低價，為預告跌勢暫停（或結束）或漲勢確立。

投資法則

三種頻率：你的生活型態適合中長線，還是短線？

- 日 K 線：

  適合朝九晚五的你，不須提心吊膽的追盤。

- 60 分鐘 K 線：

  第一次買賣台指期，可從小時線練起。

- 10 分鐘 K 線：

  不用管明天、只想賺今天，一個星期內了結獲利。

CONTENTS

第三章

最適合初學者練習的
60 分鐘 K 線投資法

第四章

不用管明天、只想賺今天的
10 分鐘 K 線快速賺錢法

結語

投資第一件事：守紀律

補充篇

上班族有福了，
台指期也能「被動投資」

推薦序一

好股票都太貴，買小台指一口、
看對方向就獲利

非凡《錢線百分百》製作主持人／胡睿涵

　　投資不是一門容易的學問，更不用說要投資獲利了，就是因為它難，所以我在製作每天 2.5 個小時（下午九點至十一點半）的《錢線百分百》節目過程中，第一個想到的就是：「如何用最簡單的方式，教會大家投資釣魚技巧？」秉持這個想法，《錢線百分百》現在有更多年輕族群加入陣容，除了大學生外，最年輕的粉絲甚至還是一個國中生。可以讓大家用簡單方式、了解國際金融情勢和投資看盤技巧，是我最開心的一件事。

　　說到簡單投資，作者陳姵伊確實讓我佩服，十年前從軍職退伍後正式進入股市，她和大家一樣從買股票開始投資，但最後認賠出場。很多投資人往往賠了錢後，從此就從股市畢業了，沒想到，她竟然轉向槓桿風險更大的期貨市場！讓我更難相信的是，她專職從事台指期交易，讓她退伍後十年內，從賠錢到現在每月平均獲利 3 萬到 5 萬，年報酬率超過 30％。我仔細研究了姵伊用的方法，歸納重點如下，或許可以給想進入期貨市場操作的投資人一個入門磚。

　　首先，專攻台指期：不但可以避開滿手股票的風險，更不用擔心自己是否會買到地雷股，期貨單純、其母體就是大盤，只要管漲（多單）或跌（空單）操作簡單，也不用研究一堆基本面、技術面、籌碼面等。

　　第二，成本低：很多小資男女無法參與股市，就是因為好股票多數都太貴了，動輒 5 萬到 6 萬以上（市場認同－追買－價高），若買低價股，很多業績差又怕踩到地雷，所以投資永遠都是空想，小資男女也無法幫自己創造財富。但姵伊投資台指期，買小台指一口（期貨單位：口）保證金 20,750 元，最低不用三萬元就可以進場投資，押對了走勢方向就獲利。

　　第三，操作策略運用：我猜想姵伊應該也是《錢線百分百》的觀眾吧，因為她用的技術面在節目中全教過，而且姵伊運用自己所學的技巧，讓自己停利停損、嚴守訂下的紀律，才能保持年報酬率超過 30％。說到進出操作技巧，例如：當盤勢出現北極星訊號，代表大盤將由多轉空，作多者要快點出場，放空者就該準備進場。

　　當然，光一個北極星訊號是不夠的，姵伊還提出想操作台指期且賺「波段行情」更要注意的面向，因為台指期一個月結算一次（每個月第三個星期三），想做波段，就有「轉倉到下個月合約」的問題，這時候你得熟悉姵伊說的七種盤型，至於是哪七種……就請讀者仔細研讀這本書囉！

推薦序二

天下武功，無堅不破，唯快不破

暢銷書《空軍一哥教你 K 線放空》、

《股市大戶時間買股術》作者／陳韋翰

撰寫推薦序時，正值 2019 年中美貿易大戰白熱化之際，全球股市今天大漲、明天大跌的走勢，屢見不鮮，報章媒體也頻頻呼籲投資人，應降低持股水位避開風險，等風暴過後再進場，但此時台股卻即將進入，史上最高股息的除權息旺季。

國際紛擾不斷，國內又有科技大老喊出：比 2008 年金融海嘯更大的風暴將至！這時該怎麼做？

老實說，一點都不用害怕，股價經過修正，在市場極度恐慌時，當然就是選好股、買好股、存好股的最佳時機。除非你遠離股市，否則最佳操作就是：買。

我會這麼說的理由有以下六點：

1. 今年是史上現金股息最高的一年。

2. 現金殖利率超過 5% 以上的股票，合計超過三百檔。

3. 除權息前融券得強制回補。

4. 總統選舉前政策牛肉（按：喻為了競選成功開出的支票）不

斷推出。

5. 行政院喊出：台商資金回流五千億投資利多。

6. 資金流向傳產與金融股。

只要電子股資金比重不會太高，重心放在傳產與金融股上，一樣能搭上除權息行情。但買股之後，絕對會擔心貿易戰等利空的影響，這時就可搭配期貨來保護資金。但該怎麼做呢？

一、若中美雙方談判破裂利空加劇：

台積電、鴻海、大立光受到影響最深，一旦這三檔電子權值股轉弱，加權指數勢必會跌破設定的轉折點。這時期貨先放空，然後再將手上弱勢股賣出，強勢股可以慢慢調節或續抱。指數在利空中殺得越重，還是一樣能獲利，一點都不擔心。

二、若貿易戰利空鈍化，股市不跌：

配合除權息與總統選舉行情展開，除了強勢股續抱之外，指數轉強後，還能買進期貨擴大獲利。就算報章媒體每天都是壞消息，只要股票與期貨賺錢，一點都不用理會利空，因為行情總在絕望與恐懼中爬起（按：鈍化即雖然壞消息不斷，但指數與股價已經不再續跌，而出現盤整或轉強走勢。）

為什麼能這樣做？原因很簡單，因為我總是滿手現金。股市每年都會有二次買進的機會，買點出現以前，指數與股價都會經過修正，往往會出現本書的北極星投資法的訊號與獲利機會出現。

自從 2018 下半年美國總統川普發動貿易戰後，指數便多次在高檔出現北極星訊號，而當時打開報章媒體仍是一片看好經濟與股市。再者，進入 2019 年 1 月與 4 月後，均出現北極星的進出場訊號。我們一旦能掌握訊號，要讓本金成長 20% 並不難，更可以再次避開貿易戰風暴，擁有現金在除權息前買進好股來存，並且搭配期貨避險或擴大獲利，端看投資人如何善用工具。

華爾街有句名言：「股市最不缺壞消息。」近年來美國與北韓、中美貿易戰、美國與中東、美國調高南美關稅……眾多利空消息，美國股市還是創下歷史新高，台股也長久維持在萬點以上，但人們活得心驚膽跳。但何時買？何時賣？股票與期貨的進退場時機，幾乎不會變。

期貨，可以對市場利多、利空即時反應，也可以保護股票投資。快，是它的特性，所以多數投資人總會害怕它的波動。事實上，遠離短線來看，它遠比股票來的穩健，不易有主力在裡面興風作浪，也不用閱讀一堆盤後數據，買賣點更是明確。天下武功，唯快不破，所有股票的投資高手，都對期貨有涉獵，更別提法人就常以股票搭配期貨投資。（按：股票期貨比較，詳見第 24 頁。）

而投資人若可以透過北極星的觀念與技巧投資，定能避開股市修正風險，掌握每年兩次安穩買股、抱股的進場點。除了放空能獲利之外，也能在低檔擁有更多現金可以買期貨與存股。無須定期定額、無須分散投資，因為你會很清楚何時該買該賣。

想知道何時是高檔？看北極星就對了！想知道何時該賣股？看北極星最明確！想知道何時該放空？北極星就是答案！想知道如何多份收入？學習本書的觀念與技巧，絕對是獲利捷徑。

推薦序三
紀律，是投資成功的鐵律

科技財經主播、主持人／朱楚文

　　對於許多投資人來說，台指期應該算是比較陌生的領域。起碼常上電視或是一些我在廣播節目訪問的知名投資達人，都是以台股、美股為主，加上近年來掀起一股小資理財瘋，更著重於指數股票型基金（ETF）投資或是存股概念等穩健類型的投資策略，也讓台指期的討論顯得相對較少。

　　然而，台指期一如書中作者所言，可使用少量資金開始操作、帳戶管理方便、操作極簡化，以及我認為最吸引人的，就是能夠作為「台股行情」和「國際局勢」方向判定的輔助。藉由認識台指期上的轉強（空單退場）信號，與轉弱（空單進場）信號，來了解當今行情的強弱，進而推估未來行情走向。換句話說，如果學會台指期投資，就能夠從籌碼面、技術面與基本面外增加一個有利的判斷工具！

　　作者在書中針對台指期的介紹和操作，以圖解詳細說明，並且依照自身多年操作成功經驗，系統化成「北極星投資法則」，對於台指期的初學者來說，簡單易懂，是一個清楚簡便的典範參考。而作者也點出投資常勝的重要關鍵，絕對是「紀律」——能不能夠克

服情緒波動，以一貫的紀律去操作投資。根據我多年投資和擔任財經主播、主持人，採訪多位金融巨擘，如新興市場教父墨比爾斯（Mark Mobius）、商品大王羅傑斯（Jim Rogers）、美國債券大師丹佛斯（Dan Fuss）等經驗，真的也看出紀律真的是投資成功的鐵律，但同時也是最難做到的。如何能維持紀律，需要不斷的去鍛鍊意志力，值得放在心中借鏡。

另外，作者也提到一個投資很重要的觀念，就是一定要做好本業。把自己的工作做好，提升職場競爭力，才能穩定產生現金流，讓錢越滾越大，當然，資產配置也很重要，絕對不要把所有雞蛋放在同一個籃子當中，多使用不同投資工具去降低風險，是穩健獲利的不二法則。

這本書清楚、簡單說明台指期的操作方式，並且提供完整的操作策略，對於有心踏入領域的投資人來說，是本好用的工具書，而對於一般投資人來說，即便不投資台指期，也能透過此書多認識新一種投資工具，增加自己判定市場信號的依據、和為潛在資產配置開拓一個機會，值得一讀。

前言

投資台指期，你每個月多賺一份薪水

　　我從 2007 年開始進入投資領域，2009 年起專職投資工作。在這之前，我是職業軍人，在國軍醫院裡擔任行政文書，朝九晚五的規律生活，讓當時的我想要更多人生的選擇。

　　我從軍七年後退伍，並開始意識到不該只是存死錢，應該讓金錢為我工作，應該要找出讓錢滾錢的方法。於是開始並進入投資領域專心作研究。

轉換跑道，從台股到台指期，獲利更穩

　　初期，我以投資股票為主，那是金融海嘯前一年，由於當時台股處於漲勢，是「隨便買、隨便賺」的年代，未料一場金融海嘯來臨，卻完全顛覆了這個超簡單的獲利模式。

　　我當時並沒有辨認趨勢多空的能力，只知道買進、期待股價上漲後賣出，卻不知行情會漲就會跌，市場有多頭與空頭之分，而我當時身在空頭市場中，卻一昧的以多頭市場的方式來操作，當然讓自己陷入危機，終至虧損連連。

　　幸好，我並沒有被打敗，卯起來研究，想知道自己初期為何成功，後來為何失敗。後來，我接觸到技術分析後，感覺如獲至寶，

原來，從技術分析中就能清楚看出趨勢漲跌，也能從中發現很多投資機會。金融海嘯至今，我靠著技術分析，早已將當初的虧損補回，也能每年從市場中穩定獲利。

過程中，我接觸到台指期，並發現台指期有許多優勢更勝於台股，比方說投資股票需要研究選股（一旦選錯股票，即使台股大漲，手中的股票也不會漲）、需要了解每一檔股票（基本資料、財務報表、股性與股價歷史表現）等。因此決定將主要投資領域，從股票轉換跑道到台指期，並開始專心研究台指期。

什麼是台指期？

台指期，就是台灣加權股價指數期貨，簡稱「台股期貨」，是以「台灣加權指數」為交易標的的期貨型商品。台股期貨又可分為大型台指期貨，與小型台指期貨兩種（見圖表 0-1）。

其中，以單位價值而言，大台每點為 200 元，小台每點 50 元。舉例而言，若今天看好台指期會上漲（下跌）而買進（放空）布局，一旦上漲（下跌）100 點，則獲利金額為：

● 大台＝100 點×每點 200 元＝2 萬元。
● 小台＝100 點×每點 50 元＝5,000 元

所以，只要看對方向，不管漲跌你都能賺。

圖表0-1　兩種台指期貨產品

項目	大型台指期貨	小型台指期貨
中文	台股期貨	小型台指期貨
交易標的	臺灣證交所發行量加權股價指數	
英文代碼	TX	MTX
市場俗稱	大台	小台
單位價值（新台幣）	200 元／點	50 元／點

交易時間

　　只要是在股票市場開盤日，台指期就可以進行交易，但要注意開盤與收盤時間不同：以日盤而言，台指期市場較股票市場提早 15 分鐘開盤、延後 15 分鐘收盤，交易時間為早上 8 點 45 分至下午 1 點 45 分。另外，目前已經開放盤後盤交易，一天之中可交易時間由原先的 5 小時延長至 19 小時，交易時段為下午 3 點至次日凌晨 5 點。

圖表0-2　台指期與股票差在哪？

項目	台指期	股票
開盤日	週一至週五（國定假日除外）	
交易時間	（日盤）早上 8 點 45 分到 　　　　下午 1 點 45 分 （夜盤）下午 3 點到 　　　　隔天上午 5 點	早上 9 點到 下午 1 點 30 分

台指期要怎麼交易？

了解台指期之後，接下來就要了解如何開始買賣。

交易台指期時，可分為看漲（作多）、看跌（放空）兩個方向。其中，看好台指期，認為後勢會漲時：趁股價上漲前「買進」布局，待股價上漲後「賣出」，取得漲價後的獲利。反之，看壞台指期，則是趁股價下跌前「賣出」布局，待股價下跌後將原先賣出的部位「買進」，以取得跌價後的獲利。步驟如下：

● 看好台指期，認為後勢看漲：
　→買進後，台指如期上漲。
　→賣出，取回獲利。

● 看壞台指期，認為後勢看跌：

　→賣出後，台指如期下跌。

　→買進，將賣出部位買回，取回獲利（見圖表 0-3）。

| 圖表0-3 | 你選擇何種方式操作台指期？ |
| | |

看法	看漲	看跌
執行	先買進，再賣出	先賣出，再買進
股價上漲	獲利	虧損
股價下跌	虧損	獲利

保證金制度

　　保證金制度，是交易台指期跟股市的最大不同。台指期交易前，需先在帳戶內存保證金，此稱為「原始保證金」。目前原始保證金規定金額為，大台每口 10 萬 7000 元，小台每口 2 萬 6750 元。交易過程中若發生虧損，則虧損金額會直接從帳戶內扣繳。而帳戶內金額有規定的最低額度，此稱為「維持保證金」。目前維持保證金規定金額，大台為每口 8 萬 2000 元，小台為每口 2 萬 500 元。

| 圖表0-4 | 大台指、小台指，各該放多少保證金？ |

項目	大台指	小台指
原始保證金	10 萬 7000 元	2 萬 6750 元
維持保證金	8 萬 2000 元	2 萬 500 元
維持率（最低須維持）	約 77%	約 77%

※最新保證金制度，請至台灣期貨交易所官網
（http://www.taifex.com.tw/cht/index）上查詢。

每月結算時間

另外，要注意到：股票與期貨最大的差異，就是期貨有結算日（股票只要不融資融券或下市，就算股價只剩 1 元，券商也不會幫你處理，但台指期不同，到期就要結算）。以台指期而言，每個月的第三個星期三是為結算日，結算日的收盤時間會提早為下午 1 點30 分，當天收盤後會結算當月分的台指期，並進入到下個月的台指期。

比方說，如果你買五月分的台指期，會在五月的第三個星期三結束（結算日），因此，買進持有的五月分台指期，可在結算日終止前（見圖表 0-5），主動選擇賣出時機；若未主動賣出，期貨商會以最終結算價幫你自動賣出。賣出後若還想繼續交易，就要改為買進六月分台指期。以此類推。

圖表0-5	每個月的第三個星期三，為台指期結算日

| 四 | | 月 | | | | | 五 | | 月 | | | |
日	一	二	三	四	五	六	日	一	二	三	四	五	六
	1 廿六	2 廿七	3 廿八	4 兒童節	5 清明	6 初二				1 勞動節	2 廿八	3 廿九	4 三十
7 初三	8 初四	9 初五	10 初六	11 初七	12 初八	13 初九	5 四月小	6 立夏	7 初三	8 初四	9 初五	10 初六	11 初七
14 初十	15 十一	16 十二	17 十三	18 十四	19 十五	20 穀雨	12 初八	13 初九	14 初十	15 十一	16 十二	17 十三	18 十四
21 十七	22 十八	23 十九	24 二十		26 廿二	27 廿三	19 十五	20 十六	21 小滿	22 十八	23 十九	24 二十	25 廿一
28 廿四	29 廿五	30 廿六					26 廿二	27 廿三	28 廿四	29 廿五		31 廿七	

資料來源：臺灣期貨交易所（www.taifex.com.tw/cht/4/calendar）

五種商品選項，交易熱絡度：近月＞遠月

投資台股時，必須從上千檔股票裡面做出選擇，台指期則簡單很多，就是台指期本身，其中，又以結算日不同而可區分為五種商品選項。

- 當月台指期、
- 下個月台指期、
- 另外加上三月、六月、九月、十二月，這四個季度期貨。

以 2019 年 5 月 31 日商品選項為例，你可以選擇買：

（1）六月分台指期（五月分台指期已在 5/18 結算完畢）、

（2）七月分台指期、

（3）九月分台指期、

（4）十二月分台指期、

（5）2020 年三月分台指期。

　　換句話說，市場上可選擇交易的台指期商品，除了當月分、次月分台指期商品之外，其他的就是三月、六月、九月、十二月輪替，以維持滿五個商品選項可選。

　　其中，距離現今最近的月分，通常成交量最大、交易最熱絡，而且最容易判斷；距離現今最遠的月分，通常成交量最小、交易較不熱絡。交易時應注意市場交易熱絡度，熱絡度越高越好買賣。

圖表0-6　台指期單一月分的商品選擇（以 2019 年 6 月初為例）

商品	成交	買進	賣出	漲跌	漲幅%	總量
>>台股指數06(一般)	10455 s	10455	10456	▲90	+0.87	132366
台股指數07(一般)	10230 s	10231	10232	▲87	+0.86	1557
台股指數08(一般)	10096 s	10094	10097	▲88	+0.88	111
台股指數09(一般)	10061 s	10060	10064	▲84	+0.84	140
台股指數12(一般)	10033 s	10022	10025	▲93	+0.94	89
台股指數03(一般)	9978 s	9980	9983	▲80	+0.81	38
台股指數近月(一…	10455 s	10455	10456	▲90	+0.87	132366
台股指數遠月(一…	10230 s	10231	10232	▲87	+0.86	1557
台股指數次遠(…	10096 s	10094	10097	▲88	+0.88	111
台股指數現貨	10498.49 s	--	--	▲115.50	+1.11	--
台股指數06	10455 s	10455	10456	▲90	+0.87	161329
台股指數07	10230 s	10231	10232	▲87	+0.86	1771
台股指數08	10096 s	10094	10097	▲88	+0.88	135
台股指數09	10061 s	10060	10064	▲84	+0.84	161
台股指數12	10033 s	10022	10025	▲93	+0.94	98
台股指數03	9978 s	9980	9983	▲80	+0.81	42
台股指數近月	10455 s	10455	10456	▲90	+0.87	161329
台股指數遠月	10230 s	10231	10232	▲87	+0.86	1771
台股指數次遠月	10096 s	10094	10097	▲88	+0.88	135
電子指數06(一般)	412.05 s	412.00	412.10	▲6.05	+1.49	5544
電子指數07(一般)	403.50 s	403.05	403.25	▲6.50	+1.64	52

圖表0-7　股票與台指期的比較

比較項目	股票	台指期
投資標的	股票	台股加權指數
漲跌幅	限制10%	10%
開盤時間	上午 9 點至下午 1 點 30 分	上午 8 點 45 分下午 1 點 45 分。 （到期契約最後交易日之交易時間，為上午 8 點 45 分到下午 1 點 30 分）
手續費	成交金額×0.1425%×券商折扣。 （買賣各支付一次）	大台指的手續費是 70 到 150 元（網路下單），小台指是 35 到 80 元。
交易稅	成交金額的 0.30% （結束交易時支付）	成交金額的 0.002% （結束交易時支付）
開戶對象	證券商	期貨商
持有時間	無限制	有到期日
發放股利	有	無
放空限制	1. 得使用融券方式，券商要有券才能借。 2. 若股東會與除權息，會強制回補。	無
優勢	能領股息股利、無到期日。	成本低、多空都能作，每天都有行情。

勝

投資台指期，你就掌握十二大優勢

一、免選股，看壞台股會跌，就放空台股

　　這絕對是投資台指期最大優勢之一。在股市中選股是一門大學問，若不懂選股就不容易獲利。投資過股票的朋友，你可能曾因為選錯股票，即使大盤指數大漲了千點以上的行情，你的股票卻不動如山（甚至下跌），這樣的情形並不少見。但台指期不同，你只要**判斷會漲或是會跌，順勢操作就會賺錢**。

二、帳戶方便管理

　　在股市中，經常可見因為缺乏紀律或管理能力，而一不小心就滿手持股的投資人，也不知道怎麼管理。如果你投資的是台指期，因為只有一種標的，就可以免去管理持股的麻煩。

三、每天都有行情可作

　　台指期有「快速獲利」的特質，可在每天行情中，尋找獲利機會。

四、操作單純，只有「一檔」

　　每檔股票具有不同股性，就像每個人有不同個性一般，有些股票股性溫吞，有些股票則活潑、激進。選股票就像選對象，你得先摸清楚它的個性才容易獲利。而股市中有數千檔股票，你每改變一次配置，就得重新認識一次，而不同時局又有不同的操作方式，如果不諳這個道理，就算指數漲翻天，你也很難獲利。台指期就沒有

這個問題，只要好好了解台指期進行就可以了。

五、台指期一樣可中長線操作

「什麼，台指期也可以波段操作（中長線交易）？」這是我告訴朋友自己的操作方式時（以中長線交易為主，另以短線交易為輔），最常聽到的反應。

大家對於台指期的印象就是迅速、危險；其實台指期不只是能作快（短線操作如當沖、隔日沖，即當日買進、當日賣出，或當日買進、隔日賣出等交易方式），也能操作中長線（指三日到五日以上，甚至是以週、以月為單位的操作方式）。

若有閒看盤時，當然可以搶短線、賺快利，但大多數人都是上班族、忙碌的家庭主婦，沒有太多時間進行短線操作。像這樣不適合短線操作的投資人，應該將操作頻率改為中長線。本書稍後所分享的操作方式，多以偏向中長線波段操作為主。

六、資金使用效益大。行情一看對，資金能立即產生獲利

台指期的交易信號很明確！在買進信號出現前，先保有現金在手，不要太早投入，以免資金空等。等到買進信號出現，再將資金投入，通常獲利能快速產生，資金閒置的情形不多。關於這部分，詳見之後共 36 組 K 線範例。

七、走勢容易預測

投資台指期還有個好處是：它總是循著老路走。由於加權指數經常反覆出現相似的走勢，因此連初學者都能輕鬆掌握（詳見第

二章第一節）。

　　讀者朋友可從第二到第三章的 K 線教學範例中見證。同樣的走勢會反覆出現，我自創的北極星投資法則就可以反覆無限運用。

八、成本低，以少量資金就可以開始

　　操作一口小台，不用 3 萬就可以（此指短線操作時的資金）；如果你有 10 萬，你可以同時操作 3 口。當操作口數在 2 口（含）以上，就可將資金進行策略性分配、分批買賣。比方說，一開始對行情還沒把握時，先試單一口，等行情穩定了，再繼續投入資金。

九、放空台指期，比放空股票更便宜

　　若不看好後勢而想放空時，台指期除了放空成本更便宜之外、其便利性也遠遠優於股票。放空股票時，有時間上的限制（某些時候平盤下不得放空），也有數量上的限制（會有判斷股價來到最高點時，卻借不到券來放空的情形）。相較之下，放空台指期超方便！沒有時間與數量的限制，隨時想放空就放空。

十、比起股票，台指期報酬率較高

　　無論是作多還是放空，操作股票的成本都較台指期高。

　　就以投資人最喜歡的元大台灣50（0050）來說，股價 80 元，買一張本金要準備八萬，大約等於操作一口小台所需準備的資金（我習慣以原始保證金三倍的比例，準備自備款）。

　　以 2019 年 1 到 5 月為例，加權指數由最低 9319 點漲到最高11097，大漲 1778 點，同期間 0050 由 72 元漲到 83.8 元，一張股

票的獲利約 1.2 萬元，報酬率 16.4％。同期間投資人若是買進一口小型期貨並且準備九萬保證金，台股指數期貨大漲 1789 點，一點價格 50 元，最高獲利＝1789×50＝89450 元，報酬率將近 1 倍。就算只掌握到一半的行情，報酬率也有五成。

這麼一比較後就可以發現，**在同樣的情況下，期貨報酬率遠比股票高**。尤其股市經過十多年大漲，優質股大多價格都要百元以上，若投資人還要買更好的股票，更能明顯看到**期貨有低成本＋高獲利＋投資簡易的優勢**。

十一、交易公開透明

不同於在股市中，經常發生內線交易的情形，相較之下台指期每天都需要公布資金流向（每日公布三大法人——外資、投信、自營商的多、空單增減情形），且走勢通常很固定、容易猜。因此，北極星投資法可反覆無限運用，讓操作極簡化。

十二、懂台指期，對台股行情與國際局勢會更有方向

亦即藉由認識台指期上的轉強（空單退場）信號，與轉弱（空單進場）信號，來掌握當今行情的強弱，進而推估未來行情走向。這招無論對台股行情或國際局勢皆準：可將轉強、轉弱信號的辨別，套用到台股加權指數或美股道瓊指數等。

上述將股票與台指期互相做比較，好讓讀者能更輕易了解台指期的特性。但投資無須劃分界線，不是今天已買賣台指期就不能操作股票。兩者特性不同，目的性也不同。比方說，股票可以領股

息、可以領股東會紀念品，這個台指期就做不到；比方說，某些時候，台指期的獲利遠遠大於股票等。因此，你可以將台指期與股票混搭操作，共創更高獲利。

若你決定要開始參與台指期操作，就得挪出一段特定時間給自己。但請別擔心，以中、長線行情的角度來操作台指期，就不需要時時關注盤勢，你可以從手機下載看盤軟體（詳見本書最後補充篇）。

到券商開戶，善用看盤軟體為交易熱身

到券商開個期貨帳戶，是交易的第一步。現在是券商大打手續費折扣戰的時代，可多方比較。善用券商看盤軟體，或上網下載看盤軟體，並熟悉技術線圖，為交易熱身。

從規律生活開始：確定自己維持在最佳狀態

除了科技設備之外，你的生活也要適時調整。如果你是上班族，既然有意從事投資，就要把投資當成另一份事業，調整生活步調；如果你是全職投資人，那麼生活規律是你的基本自我要求，你必須顧好生活飲食、有良好的睡眠，確定自己能維持在最佳狀態，以迎接大大小小的行情。

久而久之，你將發現，投資生活能讓你更規律，也讓你更懂得照顧好自己，更能讓自己時時處於最佳狀態。

圖表0-8 操作台指期的 12 大優勢

1. **免選股，看壞台股會跌，就放空台股**
   不會選股的人，就算大盤漲翻天，你的股票卻不漲。交易台指期，只需關注「一個」投資標的，順勢操作就能獲利。

2. **帳戶方便管理**
   不再滿手套牢股，免去管理持股的困擾。

3. **每天都有行情可作**
   台指期具備「快速獲利」的特質。

4. **操作單純，只有「一檔」**
   不用費時了解每檔股票股性，只要研究台指期就夠了。

5. **台指期一樣可中長線操作**
   有時間就搶短線，沒時間可慢慢操作波段。

6. **資金使用效益大**
   只要看對行情，獲利立即產生，風險也容易掌控。

7. **走勢容易預測**
   台指期易呈現週期性變化，連新手都能輕鬆掌握趨勢。

8. **成本低，以少量資金就可以開始**
   同樣投資 10 萬，台股只能買低價股，台指期可操作好幾口以少量資金（小台指最少三萬元）就可以開始交易。

9. **放空台指期，比放空股票更便宜**
   放空股票時，有時間上的、數量上的雙重限制；而台指期沒有。

10. **比起股票，台指期報酬率較高**
    股市經過十多年大漲，優質股大多價格都要百元以上。相對的，期貨有低成本＋高獲利＋投資簡易的優勢。

11. **交易公開透明**
    股市中經常發生內線交易的情形；而台指期每天都需要公布資金流向。

12. **懂台指期，對台股行情與國際局勢會更有方向**
    藉由認識台指期上的轉強（空單退場）信號，與轉弱（空單進場）信號，了解當今行情的強弱。

從人際關係開始：遠離豬隊友、慎選神隊友

　　環境會影響飲食習慣、財務狀況、外貌等，當然也會影響到你即將參與的台指期投資事業。你身邊的人事物會影響你對金錢的感受與使用方式。因此，你要為你即將從事的這份工作慎選出神隊友、遠離豬隊友。

　　豬隊友，當然就是那些喜歡潑冷水、老愛舉反對牌、放馬後砲的人，這些人會在你剛起步就澆熄你的熱情。所以，當你決定開始認真投資，最好與這類豬隊友拉開距離，以免情緒被影響。

為你的夢想列清單

　　設立一份夢想清單，如果可以，這份夢想清單最好強調視覺、有滿滿的夢想圖片，包含像是夢想住宅、最新車款……載滿你理想人生的元素。

　　夢想清單具有召喚夢想成真的力量。隨時觀看，想像自己就身在其中，感受那份美好，就好像已經成真了那樣。你必須時常觀看你的夢想清單，而且確定你迫不及待想擁有。這會讓你更願意為夢想而努力。這也意味你需要時時調整夢想清單上的內容；如果連想要的是什麼都不知道，任由夢想清單被無感的事物填滿，那你哪來的動力能為夢想努力？

　　我們身處一個物質充滿的世界，而夢想都需要金錢來成就。談論金錢並不俗氣，如果談論到這個部分讓你有不好的感覺，那麼你可能對金錢有不好的想法，你得轉換此觀念，以免這個想法阻礙你

大有成就的可能性。

紀律，帶來穩穩獲利

先問自己一個問題：「每天穩定獲利 10 點，難嗎？」當然不難；太少嗎？其實不少。

在一般情況下，**台指期每日盤中震幅平均值是 100 點**，能從這100 點中爭取 10% 的獲利空間並不難，只怕你會嫌賺不夠多。

不過，可別想說「只有」10 點。如果每天能穩定獲利 10 點，以每月平均有 20 個交易日來計算：

- （每天）10 點×20 天交易日＝每月獲利 200 點

將這 200 點換算成實際獲利現金：

- 200 點×小台每點 50 元＝每月獲利 1 萬
- 200 點×大台每點 200 元＝每月獲利 4 萬

（以上未計入手續費等交易成本）

（按：「一口」為買賣台指期的基本單位，例如我今天買進 2 口小台指，放空獲利了 532 點〔價差〕，那麼就可獲利大約 50×532〔指數價差〕×2〔你買賣的口數〕＝53200 元。對投資新手而言，存下九萬〔建議為原始保證金的三倍〕的準備款來買賣一口小台指，並且選擇適合自己生活型態的操作頻率，其實相較於買零股，研究的時間更少、更單純。）

如果你是上班族，把操作台指期視為副業，那麼這是你每個月操作台指期賺進的第二筆收入。

每個月多了 1 萬零用金，不無小補；但如果每個月多 4 萬零用金，幾乎是多了一份薪水！等於每個月多了 4 萬零用金可花用，你可能會開始安排夢幻度假、計畫買點奢華禮物、讓生活更寬裕、多了一筆退休金規劃預算等。

如果每個月多賺 1 到 4 萬能讓你感到如此興奮，那你還會輕視「每天從台指期獲利 10 點」嗎？但你把目標設定為獲利 10 點，而且獲利開始入帳時，此時最困難的，就是得對付跟隨著獲利而來的貪婪（明明已經獲利 10 點，卻因貪婪不肯退場）。貪婪之心，會讓你在獲利之際捨不得抽身，使你在該退的時候不退。

那麼該如何對付貪婪之心？專注獲利，亦即只拿該拿的（例如就是 10 點），拿到就退場，即使獲利仍在放大中，你還是要忍痛退場。因為比獲利更重要的是紀律。

操作最怕沒紀律。一開始你要先練紀律，等到紀律練好了，再來談擴大獲利。初期先從每天穩定獲利 10 點開始，練穩了以後，再慢慢擴增至每天穩定獲利 20 點、30 點……慢慢增加。

穩賺的第一課：辨識北極星訊號

在後續的章節中，你將會學到：判斷機會、專注機會並掌握機會！善用我自創的這套北極星投資法，當機會來臨，你不再只是眼睜睜看著機會流過，卻沒有任何動作。

北極星，是最靠近北極的恆星，也是為旅行者導航的重要指

標。不只旅者需要北極星，想賺錢，你也需要北極星，北極星投資法，就是最能幫助台指期投資者、找出穩賺行情的指標。

怎麼辨識？於漲勢中，鎖定「北極星」信號：若當日行情在創新高後收黑（此指，當日收盤價低於開盤價，使 K 線收黑），代表北極星出現了！而北極星的出現，常為預告行情將由漲轉跌，投資人可趁勢進行放空的布局（詳見第一章）。

為什麼放空，賺更快？

市場上常有緩漲急跌的情形發生，這是因為指數上漲就像在爬山，漲勢需要用錢去堆高；跌勢則是資金一退就散，宛如推石下山，滾得又急又快。所以投資台指期時，放空獲利往往來的更快。

既然放空比較好賺，為何多數人還是作多？造成這種傾向的根本原因是習慣。大多數人不能理解，為何指數下跌還能賺錢，更不習慣先賣後買，因此錯失了快速獲利的機會。

「放空」與「作多」方法相同，只是方向相反：

作多：認為後勢看漲→買進→價漲→賺到價差獲利
放空：認為後勢看跌→放空→價跌→賺到價差獲利

因此，看好行情以後會漲時，就進場作多，但看壞行情以後會跌時，別只是消極面對（賣出或不持有），積極放空，能夠獲利更豐。

我正式跨入投資領域已超過十年，這期間累積不少實務經驗與

成功值；我的投資方法是以技術分析為主軸，在放空過程中，我發現 K 線圖（詳見第一章）藏有兩個信號，分別告訴我們行情即將由漲轉跌或由跌轉漲。只要依照第一個信號出現時就放空，出現第二個信號退場，都能穩定獲利。我將這套方法套用在三種 K 線（一日 K 線、60 分鐘 K 線與 10 分鐘 K 線圖）共 36 組範例，即可證明「北極星投資法則」的可信度。

$ 台指期術語入門

台灣加權股價指數：

簡稱台灣加權指數、TAIEX，是由臺灣證券交易所所編制的股價指數，是台灣最為人熟悉的股票指數，被視為是呈現台灣經濟走向的櫥窗。

下單有四種常見方式：

（1）市價單（Market Order），以市場現售價格成交。當你已看準趨勢、確定價格未來方向，那麼這是成交速度最快的下單方式。

（2）限價單（Limit Order），為事先限定好價格的交易單。有預算限制時，限定行情來到某個價位你才買進。

（3）開盤市價單（Market On Open）：在當天期貨市場開盤前，就先委託的市價委託單。使用此下單方式，可搶得布局先機，也可提早退場。

（4）收盤市價單（Market On Close），即當天期貨市場收盤前，以市價委託交易。此下單方式，適合以一日為交易頻率者。

空頭市場：

又稱熊市，多用來形容當股市或經濟呈現長期下滑的空頭格局。（為北極星投資法則的操作方向）

多頭市場：

又稱牛市，是指股市或經濟呈現長期上漲多頭格局的向上趨勢，市場充滿樂觀氣氛。

平倉：

是指期貨交易者買入或賣出期貨合約，以了結交易。比方說，以多單買入一口台指期，到了目標價位後把這一口台指期賣出；或放空（先賣出）一口台指期空單，之後再將原先賣出的空單買回，此動作稱作「平倉」。

第一章

北極星投資法
——複雜行情中最簡單的
賺錢訊號

第一節
認識 K 線

　　介紹北極星投資法之前，我先用一點篇幅介紹 K 線，因為 **K 線就像是天空的北極星般，為我們清楚的指引出投資路線。**

　　投資股票的人一定都聽過 K 線圖，一般人提到的技術分析，就是以 K 線為基礎，再延伸出去。但到底 K 線是什麼？K 線是由開盤價、盤中最高價、盤中最低價、收盤價，組成的圖形，換言之，它完整記錄股價的變動，並以顏色區分漲跌。

　　在台股市場中，紅色 K 線代表行情上漲，黑色 K 線代表行情下跌。正因為有了這樣的區分，這讓我們在看到 K 線圖時，能一眼看出行情走向。

　　一般而言，漲勢中容易見到紅色 K 線；紅 K 線聚集越多，上漲力量越強，容易推升股價。相對的，跌勢中容易見到黑色 K 線，黑 K 線聚集越多，下跌力量越強，股價容易下跌。

　　當股價上漲時，若想了解股價還會不會繼續漲，只要觀察 K 線圖，若 K 線還在往上堆疊推升股價，且漲勢中以紅色 K 線居多，那就顯示股價正處於多頭，且上漲能量強；相反的，若 K 線向上的動力漸漸不足，且紅色 K 線由多變少、由大變小，顯示股價向上遇到阻力。

　　相對的，想趁股價下跌時撿便宜，該什麼時候進場？打開 K 線圖，如果 K 線還在往下堆疊、推低股價，且跌勢中以黑色 K 線

居多，顯示股價下跌力量強，容易有更低價出現。反之，若 K 線有點向下推不動了，且黑色 K 線由多變少、由大變小，顯示股價向下有阻力，行情可能準備反轉。

　　應用 K 線圖來評估當時的行情，可幫助我們將行情看清楚，並降低風險、穩中求勝。

圖表1-1　K 線基本圖

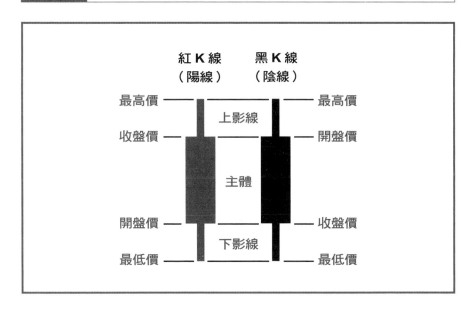

紅 K 線是什麼？

　　紅 K 線一般又稱之為陽線、收紅、紅 K 或紅 K 棒等。每根 K 線都有其所代表的特定時間，而在這段特定時間內，若收盤時的價

格能高於開盤時的價格,則 K 線得以收紅並形成紅 K 線。這也說明,在這段特定的時間內,股價趨勢為漲勢。

　　紅 K 線中的最強模式,莫過於開盤價即最低價,且收盤價即最高價。這說明了這根 K 線在開盤後,股價一路向上衝高,且漲幅越大則紅 K 線越長,形成長紅 K 線(見圖表 1-2)。

圖表1-2　最強長紅 K 線,開盤價即最低價,收盤價即最高價

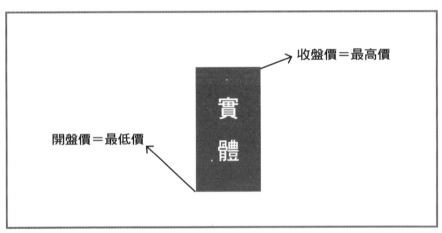

1. 收盤價>開盤價,股價收紅,形成紅 K 線。
2. 紅 K 線的最強模式:開盤價即最低價,且收盤價即最高價。說明股價自開盤後一路向上衝高,上漲能量強。
3. 實體部分的體積,代表股價實力。紅 K 漲幅越大,則紅 K 線越長且力量越大。

　　我們在判斷紅 K 線強弱時,可將紅 K 線實體部分視為主要判斷依據:**實體部分的體積大小代表股價實力**;K 線漲幅越大時,紅 K 線越長且力量越大。

紅 K 線的上下影線，代表什麼意思？

紅 K 線形式很多，除了前面所提最強紅 K 線外，帶有上、下影線的紅 K 線，也經常可見。K 線中的上影線，記錄 K 線自開盤至收盤期間，股價雖向上衝高，但可能因為市場中的賣壓出現，或其他因素而產生向上阻力，使股價變得保守，再由高處向下壓回而形成上影線；而 K 線中的下影線則記錄，股價在 K 線開盤後，曾向下跌破開盤時的價位，但在收盤前可能因為市場中逢低承接買氣，或人為護盤等因素，使股價再由低處往上拉高而形成下影線（見圖表 1-3）。

圖表1-3 帶有上、下影線的紅 K 線

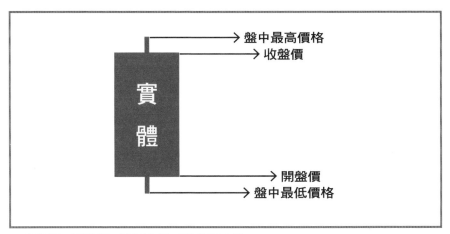

1. 收盤價＞開盤價，股價收紅，形成紅 K 線。
2. 盤中最高價＞收盤價，形成上影線。
3. 盤中最低價＜開盤價，形成下影線。

K 線以紅色來表現出自開盤至收盤期間，股價趨勢向上。相較於紅 K 線中的最強模式而言，若出現帶有上、下影線的紅 K 線，股價於盤中表現顯得相對保守。既然紅 K 代表股價趨勢向上，那麼股價在向上發展時受阻而產生上影線的原因，就更值得探討了。

紅 K 上影線，上漲遇到壓力

紅 K 線之所以會形成上影線，通常可視為股價於開盤後曾宜度向上衝高，但在紅 K 線收盤前，又有一股力量將股價由高處向下壓低，而形成上影線。

換句話說，當股價向上，與到了向上阻力（壓力）。而上影線代表了股價由高處下壓的距離，上影線越長，顯示股價向上阻力越大（見圖表 1-4）。

圖表1-4　上影線越長，顯示股價向上阻力越大

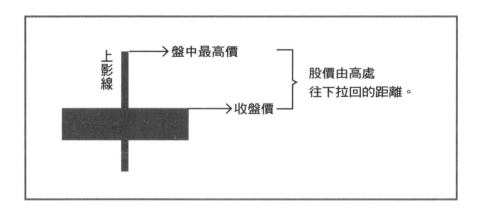

接著，圖表 1-5 我以箭頭方向，標示股價於盤中的變化情形。
股價於 K 線開盤後一度衝高至盤中最高價，但在 K 線收盤時，股
價因故由高處壓回，形成上影線，說明股價向上時所遇到的向上阻
力（壓力）。

上影線成因眾多，可能是股價表現保守、盤中測試高點、高檔
出現賣壓等。而當上述上影線成因的影響性越大、上漲的壓力越
強，上影線也就越長。

圖表1-5　漲勢所遇壓力越大，上影線就越長

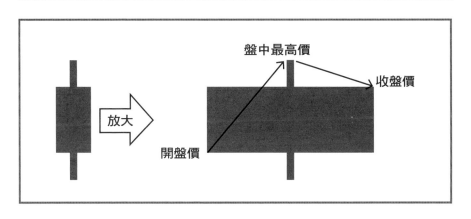

下頁圖表 1-6 我就「股價衝高後，遇上賣壓而產生向上阻力，
將股價向下壓回」情形而論，比較四種 K 線所承受的賣壓情形，
可知圖中（D）的槌型紅 K 線，所承受的賣壓顯然比其他三類型的
K 線更重。

在漲勢末端，若（D）類型紅 K 線出現，顯示漲勢受阻，可能
預告漲勢暫停或結束、行情即將反轉。

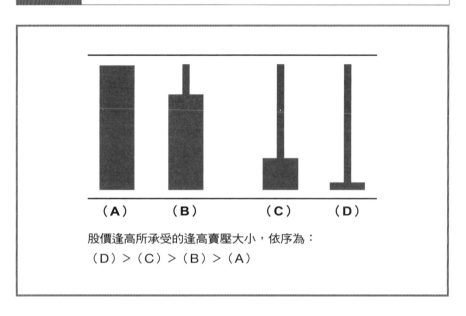

（A）　　（B）　　　　（C）　　　　（D）

股價逢高所承受的逢高賣壓大小，依序為：
（D）＞（C）＞（B）＞（A）

紅 K 下影線：跌破開盤價又回漲

　　紅 K 線代表 K 線自開盤至收盤期間，整體股價趨勢向上；但若是紅 K 下影線，則代表了 K 線開盤後，一度往下衝低且低過開盤價，但在收盤前股價向上拉回，因而形成了下影線。用圖表 1-7 舉例，我以箭頭方向表示股價於盤中的變動方向。

　　出現紅 K 下影線時，代表以下幾種可能的盤勢：股價表現保守、股價盤中測試低點、股價逢低出現承接買氣等。而當上述原因的影響性越大時，向下阻力越強，下影線也越長（見圖表 1-8）。

| 圖表1-7 | 股價開盤就往下沖破開盤價，收盤又漲回，即形成紅 K 下影線 |

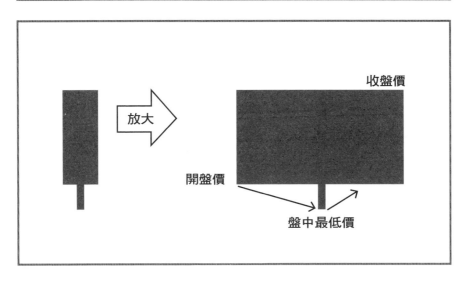

| 圖表1-8 | 向下阻力越強，下影線就越長 |

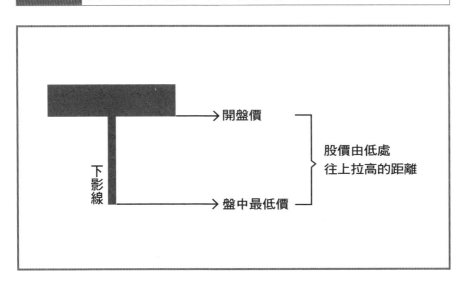

紅 K 上影線與下影線同時出現，怎麼看？

現在，你已經了解紅 K 線中的上影線、下影線，分別形成的原因與涵義。那麼，當上、下影線同時出現，我們該如何解讀這根紅 K 線？只要記得一項原則：K 線實體，代表股價實力。此外，紅 K 線實體越大，力量越強。

請你試著比較圖表 1-9 中，四種類型的紅 K 線何者力道最強。

圖表1-9 | K 線實體越大，力量越強

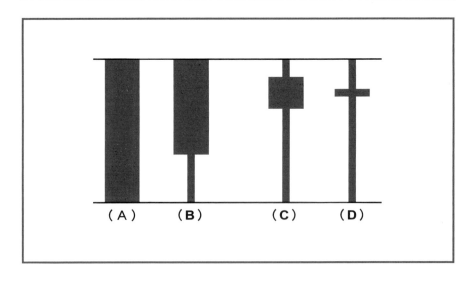

（A）　　　（B）　　　（C）　　　（D）

當力量越強的紅 K 線出現在漲勢中，對於持續推升漲勢就越有利。因此在漲勢中，若出現如圖中（A）或（B）類型的紅 K 線時，較有助於持續推升漲勢。

另外，圖中（C）與（D）類型的紅 K 線，同時出現了上、下

影線。上影線代表著股價向上時的阻力，下影線代表著股價向下時的阻力，而夾在中間的「實體部分」就是真實的股價實力。這也意味：當股價表現得越保守，實體部分越小，顯示對於未來方向不明確，因此需要搭配下一根 K 棒來輔助判斷。

以圖中的（C）或（D）類型紅 K 為例，這兩者的實體部分較小，上漲能量較弱，需搭配下一根更強而有力的紅 K 線，如（A）或（B）類型紅 K 線，來幫助確定趨勢向上。

黑 K 線是什麼？

黑 K 線，一般又稱之為陰線、收黑、黑 K 或黑 K 棒等。每根 K 線有其所代表的特定時間，而在這段特定期間內，若收盤時的價格低於開盤時的價格，則形成黑 K 線（見下頁圖表 1-10）。這也說明，在這段特定的時間內，股價趨勢為跌勢。

黑 K 線中最強模式，莫過於開盤價即最高價，且收盤價即最低價，此說明了這根 K 線開盤後，股價一路向下衝低，且跌幅越大，黑 K 線越長，形成長黑 K 線。

判斷黑 K 線強弱時，我們同樣可將黑 K 線的實體部分，視為主要判斷依據。實體部分體積越大，代表了 K 線跌幅越深，黑 K 線力量越強。

黑 K 線的形式有很多種，各有其不同含意。除了最強黑 K 線（圖表 1-13 的〔A〕）外，帶有上下影線的黑 K 線也很常見；黑 K 上影線，記錄股價在 K 線開盤後曾向上衝高，但最終被一股力量往下壓回的足跡；黑 K 下影線，則記錄了與上述相反的趨勢（見

圖表1-10 最強長黑線，開盤即最高價，收盤即最低價

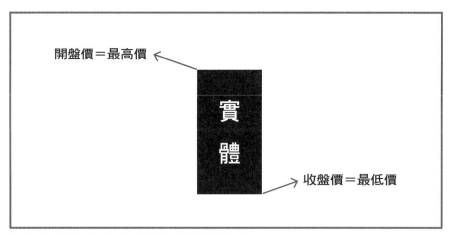

1. 收盤價＜開盤價，股價收黑，形成黑 K 線。

2. 黑 K 線最強模式：開盤價即最高價，且收盤價即最低價。說明股價自開盤後一路向下衝低，下跌能量強。

3. 實體部分的體積大小，代表股價實力。黑 K 線跌幅越大，則黑 K 線越長且力量越大。

圖表 1-11）。

　　而當這股造就 K 線中上下影線的力量越強時，影響力就越大，使 K 線上下影線顯得越長，此將同時影響黑 K 線實體部分的體積大小，與 K 線強弱。

黑 K 下影線，表示跌勢受阻，行情將反轉

　　相較於黑 K 線中最強模式（開盤價即最高價、收盤價即最低價），帶有上下影線的黑 K 線，動能就比較保守。

圖表1-11 帶有上、下影線的黑 K 線

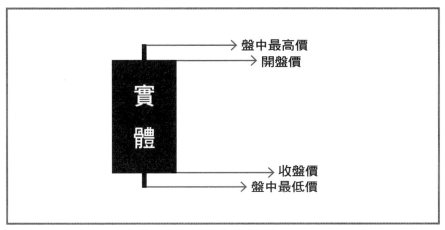

1. 收盤價＜開盤價，股價收黑，形成黑 K 線。
2. 盤中最高價＞開盤價，形成上影線。
3. 盤中最低價＜收盤價，形成下影線。

　　黑 K 下影線表示股價於開盤後曾一度往下拉低，但在黑 K 線收盤前，有股力道將股價拉高，留下軌跡而形成下影線。黑 K 下影線極為股價向下時，所遇到的向下阻力（支撐）。而下影線也代表股價由低處往上拉高的距離，一根黑 K 線的下影線越長，顯示股價向下的阻力越大。

　　下頁圖表 1-12 中，我以箭頭方向來表示股價於盤中的變化情形。圖中顯示股價於 K 線開盤後，曾經一度向下衝低至盤中最低價，但在 K 線收盤時，股價因故再由低向上拉高而形成下影線，說明股價向下時，所產生的向下阻力（支撐）。

　　另外，黑 K 下影線也代表了：股價由低處向上拉高的距離。

圖表1-12 向下阻力越大，下影線越長

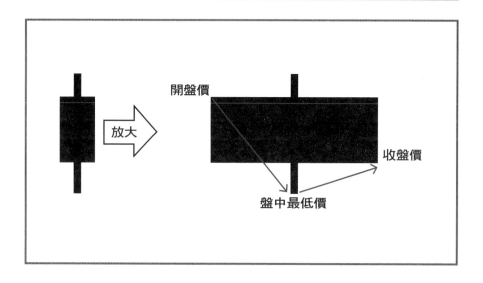

下影線越長，暗示黑 K 向下時的阻力越大。

　　下影線形成原因眾多，比方說：股價表現保守、盤中測試低點、股價逢低出現承接買氣等原因，都可能成為股價向下時，所產生的阻力並形成下影線，且當這些原因的影響力越大時，下影線也越長。

　　接著看到圖表 1-13，假設以「股價探低時出現向下阻力，使股價由低處往上拉高」情形而言，圖中的（D）所承受的向下阻力（支撐）情形，明顯比前面三者都還要來得強。這類型 K 線，在跌勢處於嘗試止跌與打底的過程中經常可見，常為預告跌勢可能即將結束、行情可能即將反轉。

圖表1-13 下影線越長，代表向下阻力越大

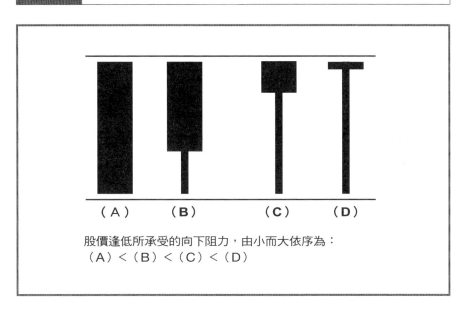

（A）　　（B）　　（C）　　（D）

股價逢低所承受的向下阻力，由小而大依序為：
（A）＜（B）＜（C）＜（D）

黑 K 上影線的跡象：股價向上挑戰

先前提及，黑 K 下影線越長，代表行情出現變化的機率越大；反過來說，如果出現黑 K 上影線，則代表開盤到收盤期間，股價雖一度衝高，但最終在收盤前又被打壓，此過程的足跡即為上影線。

看到下頁圖表 1-14，我們以箭頭方向表示，股價於盤中的變動方向。圖中顯示，股價於 K 線開盤後，一度往上衝高，且高過開盤價，但在收盤前股價往下壓回，因而形成上影線。看見黑 K 棒出現上影線時，不妨反過來想，莫將它僅視為向上阻力，而要將

圖表1-14 黑 K 上影線，逆勢、向上奮鬥的足跡

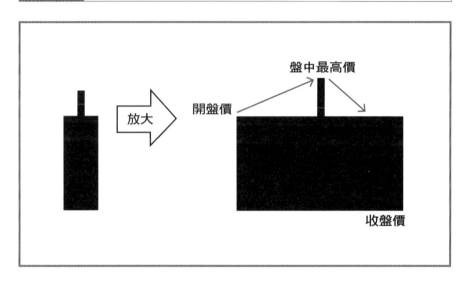

它視為逆勢向上奮鬥的過程。上影線代表了股價由高處向下壓回的距離，因此上影線的長度，顯示奮鬥過程中的激昂程度，當上影線越長，顯示股價於黑 K 線期間內，逆勢挑戰的野心越大。

當帶有長長上影線的黑 K 線出現在漲勢高端時，不見得為反轉信號，而往往有「修正股價過熱」的含意；若出現在跌勢低端，且以上影線創下近期新高價，則可能有不畏當下跌勢，而「逆勢挑戰高價」的野心，最終股價雖仍收黑，但過程中逆勢向上挑戰高價的動能不容忽視。

黑 K 上影線出現在跌勢末端表示：逆勢向上挑戰過程受阻、股價盤中測試高點等。而當上述原因的影響力越大時，向上阻力越強，上影線越長。將 K 線變化與整體趨勢合併判斷，常可及早預估行情變化的開端。

當黑 K 線上、下影線同時出現，是什麼意思？

現在，我們以了解黑 K 線的判斷方式與成因。接著請你看到圖表 1-15，試著比較這四種類型 K 線的強弱。

如圖中所示，K 線中的上下影線，分別代表了股價向上與向下過程中，所產生的阻力；K 線實體部分，則代表了最真實的股價趨勢，為股價實力。其中，實體部分體積越大者，力量越大且下跌能量越強，若出現在跌勢中，有助於行情續跌。反之，當股價表現較保守時，則 K 線實體體積較小，顯示對於未來方向較不明確，往往需要搭配下一根 K 線來輔助判斷。

以圖表 1-15 的（C）與（D）為例，這兩者的實體部分體積較

圖表1-15 黑 K 線不夠強時，務必搭配下一根較強的黑 K 線一起看

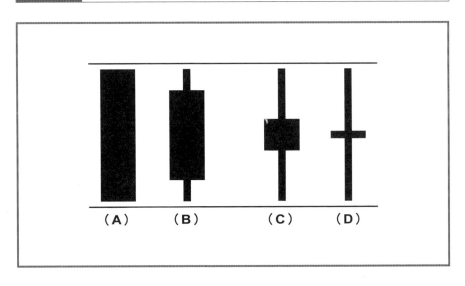

小，方向較不明確，須搭配下一根更強而有力的黑 K 線，如（A）或（B）型的黑 K 線，來幫助確定股價跌勢繼續。

使用適合你的操作頻率

了解紅 K 線、黑 K 線的基本判讀方式以後，接下來我們要了解，不同（主要有三種）投資頻率，哪一種最適合你。

投資台指期，最常使用的 K 線有：日線、小時線（60 分鐘 K 線）、半小時線（30 分鐘 K 線）、15 分鐘 K 線、10 分鐘 K 線、5 分鐘 K 線、1 分鐘 K 線等。在交易前，先依據自己的生活型態，來選擇最適合的 K 線頻率，這件事情極為重要。

比方說，如果你是上班族或忙碌的家庭主婦，並不適合使用時間太短的 K 線來交易，像是每 10 分鐘就產出一根的「10 分鐘 K 線」，使用這種 K 線，你就得時常看盤，所以這類型的 K 線不適合你。

相對而言，小時線（每一小時才產生一根 K 線），或是日線（一整天才產出一根 K 線），對你來說應該是比較好的選擇，因為它們可以讓你無須盯盤，只需要幾個小時或一整天才看一次盤就足夠。

值得注意的是，**K 線所代表的時間越長，則漲跌幅越大**。比方說，10 分鐘 K 線上漲或下跌的幅度，若為指數 30 點到 60 點；那麼 60 分鐘 K 線的漲跌幅，可能擴大為指數 60 點到 100 點。

換句話說，假設你本來是使用 10 分鐘 K 線交易，今天換成 60 分鐘 K 線交易，對於漲跌幅的看法，就必須跟著放大。總之，

在進入市場交易前，請務必優先評估自己的生活型態、交易資金水平、對於獲利的期待與風險承擔程度，挑選出最適合自己的 K 線。

進場與退場信號，請使用同頻率的 K 線

使用 K 線時，要特別注意 K 線的對稱性。例如，你是因應日 K 線上所出現的進場信號買進，請務必因應日 K 線上的退場信號賣出，以此達到使用 K 線的對稱性。

為什麼要特別提到這一項？根據我自己的經驗，以及對於交易市場的觀察：投資之所以會造成賺小賠大，往往是投資人使用時間週期相差太大的 K 線進行交易。最常見的狀況就是，一開始是打定主意想短線操作，但後來因種種原因而改為長線操作。為什麼會這樣呢？這跟交易紀律有極大的關係。

比方說，當你因應 10 分鐘 K 線上出現的進場信號進場，如果在 10 分鐘 K 線上出現退場信號時卻未賣出，一直拖延到 60 分鐘 K 線的退場信號，或甚至日 K 線都出現退場信號才行動，當然會陷入風險之中。

假設，你是依據 10 分鐘 K 線上出現的進場信號而進場，原本只需承擔 30 到 60 點內的風險，卻等到日 K 線上出現出場信號時才出場，這無疑將風險放大到 100 點以上。對於進出場時所使用的 K 線頻率不同步，是造成許多新手投資人賺小賠大的主因。

因此，判斷進、出場信號時，請使用同頻率的 K 線：以 10 分鐘 K 線來判斷進場信號時，也要使用 10 分鐘 K 線來判斷退場時機。

　　奇怪的是，人們在獲利時比較容易遵守紀律，在虧損時則否。交易後，若順利賺到錢，投資人通常會在該停利時確實停利賣出。相對的，交易後若出現虧損，就很容易在該停損時，想要再拚拚看，然而，這反而讓自己面臨更大風險。

　　遵守交易紀律，就是保護資金安全，所以無論賺或賠，都應該按照交易節奏進出場，短線進就短線出，長線進就長線出。千萬別在節骨眼上，為自己找藉口拖延出場時機。

第二節

北極星投資法──三階段 SOP

認識了紅 K、黑 K 的基本特性後，接下來就進入本書的主題：如何藉由北極星投資法則，觀察出 K 線圖中重複的訊號，來穩定獲利。這套投資方法簡單實用，即使是新手朋友也能快速上手。

北極星投資法，主要分成三個階段：進場前、進場後、退場。

● **進場前：確認北極星位置──空單進場信號**

行情有漲有跌，會上漲就會下跌，這是必然。在一段趨勢向上的行情中，這段漲勢並不會永無止境的上漲，而會有漲多修正的時期，在這段時期中所形成的拉回走勢，就是北極星投資法的操作機會。

本書所談的「北極星」發生在行情漲後，於漲勢中出現以黑 **K** 創下新高價，視為北極星所在位置（見下頁圖表 1-16）。

漲勢中一旦出現「北極星」，那麼未來的行情趨勢方向就明確了：指數將由漲轉跌。而北極星所在位置，也正是你準備放空（**先賣後買**）的信號。信號出現後，做法有二：

（1）見北極星出現，空單即時進場，試單放空（先放空少量，等待跌勢確立，再加碼放空。）

（2）見北極星出現，先鎖定但不急著進場放空，等跌勢確立後再進場。至於，如何判定「跌勢確立」？我們稍後說明。

圖表1-16 漲勢中鎖定北極星，出現就準備放空

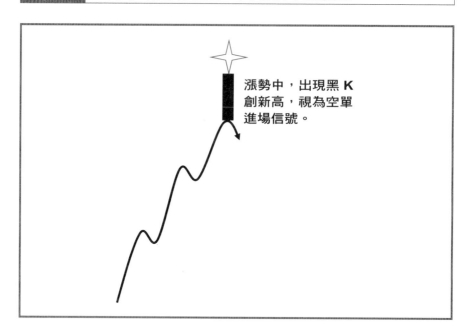

漲勢中，出現黑 K 創新高，視為空單進場信號。

● **進場後，以北極星來持續守護獲利**

　　空單進場後，只要指數不漲過北極星高點（黑 K 最高價），那麼空單就可安心續抱，直到退場信號出現為止。反之，若行情不如預期且漲過北極星高點，顯示行情可能還不穩定，此時可先將空單退出，以確實、有效的控制風險（見圖表 1-17）。

● **退場：追蹤空單退場信號**

　　空單退場信號，正好和北極星相反、很好辨認。放空後，於跌勢中見紅 K 創新低，視為空單退場信號（見第 60 頁圖表 1-18）。此時做法有二：

圖表1-17 空單進場後，以北極星守護獲利

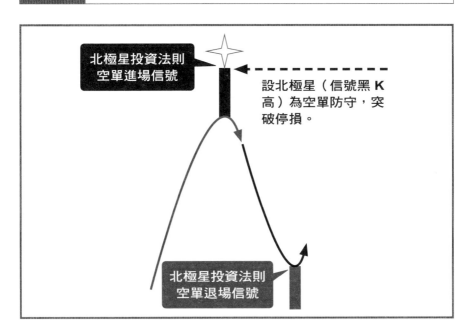

（1）見紅 K 創新低時，空單即時退場、獲利了結。

（2）見紅 K 創新低時，先鎖定但還不急著退場，等確定跌勢已結束後再退場，持續獲利。如何判定「跌勢結束」？我們將在後面幾章詳加說明。

　　北極星投資法則非常簡單，只要能判斷漲、跌勢與 K 棒顏色，就可以開始買賣，你可以試著以這套簡單的方法開啟你的第一次台指期投資。

　　一套好用的操作方法，可以帶領投資人賺足整個波段行情。後續章節中，我們將示範「北極星投資法」如何使用在日 K 線與 60

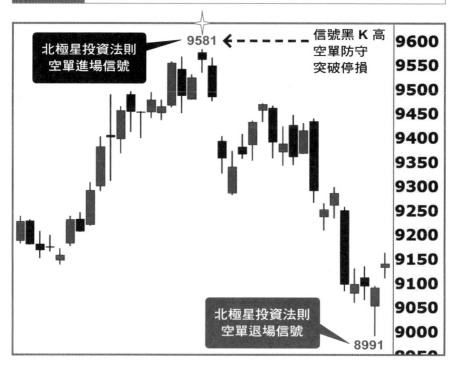

圖表1-18　跌勢中鎖定退場信號（下方 8991 點），出現就準備停利退場

分鐘 K 線，以及 10 分鐘 K 線。前兩種頻率的 K 線相當適合用在操作中、長線波段行情上。至於該選擇什麼操作頻率，取決於你的生活型態。

　　北極星的出現，預告當前的漲勢將轉為跌勢，於此，我們將「黑 K 創新高」（北極星）的出現，視為空單進場信號，且開始放空。

　　為何「黑 K 創新高」（北極星）會成為空單進場信號？請你先想想這根黑 K 的歷程：

指數先是向上衝高後，再向下壓低，並在漲勢末端以黑 K（收盤價格低於開盤價格）作結，在 K 棒結束前，以最低價作收，因而形成高檔區的黑 K。此也顯示指數向上阻力開始增強、漲勢受阻嚴重。若指數遲遲無法克服這個阻力位置，只好改為向下發展，因而形成行情轉彎、由漲轉跌的情形。

漲勢結束初期，常以黑 K 創新高為起始。且當黑 K 規模（即黑 K 跌幅。當黑 K 線實體面積的長度越長，則跌幅越重，規模也越大，促使行情起跌的力量也越強。）越大時，顯示向上的阻力更大，也就更容易引發跌勢，因而造就放空機會。

此外，信號黑 K 高可作為進場後的空單防守線，若是後續行情反彈、且漲過此線，透過看盤軟體設通知條件（詳見補充篇），也可在第一時間停損，即便進場後也不用提心吊膽。

空單防守線，即為進場信號黑 K 的當日最高價（黑 K 高），以圖表 1-18 為例說明：空單進場後，只要指數未漲過（北極星）此根黑 K 的最高價（9581），皆可續抱，並且於跌勢中觀察空單退場信號。

「北極星投資法」不適用在這兩種行情中

每一個人都有優點與強項，若能遇上對的環境而得以發揮，就能潛力無窮。在投資交易亦然。一套好用的投資方法，若能遇上對的環境、適用的行情，就能發揮其優點與強項，讓投資順利、獲利豐收。

北極星投資法提供了明確的買進與賣出信號，一旦正確掌握，

就能賺到整個波段獲利。

然而所有的投資方法，在操作初期皆須經過「試單」過程。以北極星投資法而言，若試單成功，就能以極好的價位放空並在跌勢中穩賺空單獲利；反之，若試單失敗，風險極小也極易掌控。

要注意的是，北極星投資法不適用於以下兩種行情當中：

一、盤整期間、

二、強勁漲勢。

在交易過程中，若發生連續試單失敗的情形，請先緩下來，確認趨勢是不是處於上述兩種行情中。

如何判斷行情處於「盤整期間」？當你發現，指數在特定區域裡來來回回、上上下下，就代表行情正處於多空不明的盤整時期。在這個時期，不用急著操作，可等候行情脫離盤整區域後再進場。

為什麼行情會陷入盤整？因為此時行情還不明朗、多空交戰的情形明顯。此時期行情顯得膠著、連行情自己也不知道要往那個方向進行。投資人不妨耐心等待，不須急於交易，直到行情脫離盤整區域為止。

此外，連續試單失敗的情形，也可能發生在行情處於「強勁漲勢」時期。遇上這時期，同樣先緩下來，不必急於交易，直到更合適的交易機會出現為止。

可搭配技術線圖觀察。比方說，當你發現，行情漲高後，開始出現漲不動、漲勢受阻等現象，此時「北極星」進場信號出現，預告空單獲利機會，你就能順勢布局空單，掌握獲利機會。

第二章

最適合上班族的
北極星日 K 線操作法

第一節
想操作波段行情，
先熟悉七種盤型

日 K 線，顧名思義是一天只產出一根線，由於一天才產出一根 K 線，很適合無暇看盤或是只操作中、長線大行情（波段行情）的投資人來使用。

使用日 K 線為主的操作，通常一天只需要看盤一次，甚至 3 到 5 天看一次盤就足夠。每根日 K 線的生成，也可藉由每日的盤中分時走勢圖來推估，以下簡單說明盤勢圖在中長線操作的重要性。

利用盤勢圖，判斷盤中走勢

盤勢圖，全稱為「盤中分時走勢圖」。此（日盤）圖的縱軸為股價指數，而橫軸則是時間（自早上 8 點 45 分開始，至下午 1 點 45 分結束）。股價欄位中顯示股價波動情形，讓我們了解股價即時動態。另外股價欄位下方，為及時成交量分析，可顯示最新的成交量情形（按：夜盤時間則為當日下午 3 點到隔天清晨 5 點）。

圖表 2-1 為盤勢圖結構，盤勢圖常以不同顏色標出平盤位置。平盤，即昨天收盤價為；當日行情表現與價格變動，常以平盤為主軸，再發展出新方向。

我會開始研究盤勢圖是因為操作初期，我常忽略了當日的盤勢

圖表2-1	盤勢圖結構

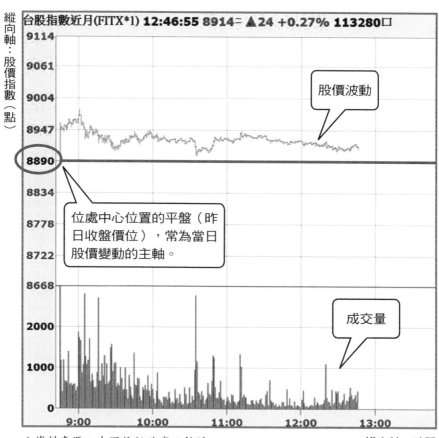

縱向軸：股價指數（點）

台股指數近月(FITX*1) **12:46:55 8914**═ ▲**24 +0.27% 113280**口

股價波動

位處中心位置的平盤（昨日收盤價位），常為當日股價變動的主軸。

成交量

＊資料來源：中國信託致富王軟體。　　　　　　　　橫向軸：時間

而逆勢操作，結果獲利往往不彰。等待盤後檢討的時候，才發現自己一味與當日行情作對，操作表現當然不如己意。

當你學會看懂盤勢，若看空股價未來會下跌，在股價下跌前放空，一旦股價下跌，就能賺得下跌期間的價差，此為作空。只要順

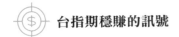

勢操作，大、小行情都能有收穫。

　　我曾經長時間觀察與統計並分析出七大類盤勢圖的因應對策：

　　1. 開高走高

　　開盤位置高於平盤並於盤中上漲，K線容易收紅（見圖表 2-2）。

　　2. 開高走低

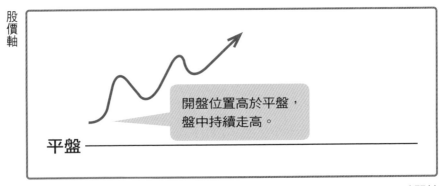

圖表2-2 開高走高，多頭氣盛

開盤位置高於平盤，盤中持續走高。

　　開盤位置高於平盤，但於盤中下跌；收盤前若跌破平盤位置，K線就會收黑（見圖表 2-3）。

　　3. 開平走高

　　開盤位置位於盤平盤附近並於盤中上漲，若漲勢穩定，K線就會收紅（見圖表 2-4）。

　　4. 開平走平

圖表2-3 開高走低，別急著搶反彈

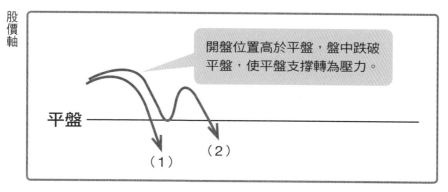

股價軸

開盤位置高於平盤，盤中跌破平盤，使平盤支撐轉為壓力。

平盤

（1）　　（2）

時間軸

圖表2-4 開平走高，若持續到尾盤，可期待明日行情

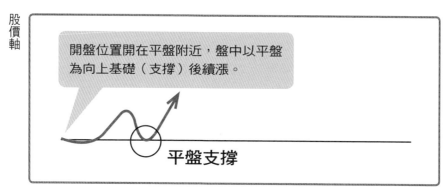

股價軸

開盤位置開在平盤附近，盤中以平盤為向上基礎（支撐）後續漲。

平盤支撐

時間軸

　　開盤位置開於平盤附近，無論盤中漲跌，於收盤前又回到平盤附近，使收盤價收在平盤價附近。此類盤型，意味當天盤中只有短線資金進駐而使行情偏短，整體意義不大，可能是醞釀階段，靜候

下次行情啟動的過程（見圖表 2-5）。

　　5. 開平走低

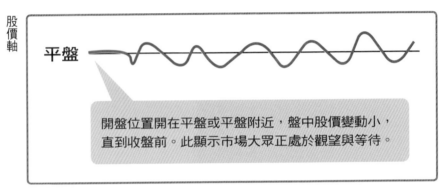

圖表2-5　開平走平，觀望為佳

股價軸

平盤

開盤位置開在平盤或平盤附近，盤中股價變動小，直到收盤前。此顯示市場大眾正處於觀望與等待。

時間軸

　　開盤位置開於平盤附近，但於盤中跌破平盤以下；收盤價若低於平盤，就會形成黑 K（見圖表 2-6）。

　　6. 開低走高

　　開盤位置開於平盤以下，但於盤中逆勢上漲，若能向上突破平盤，顯示盤中漲勢很強，行情容易逆轉並收出紅 K；若漲勢力量不足以突破平盤，就會仍以黑 K 作收（見圖表 2-7）。

　　7. 開低走低

　　開盤位置開於平盤以下，且盤中持續下跌。此為超弱勢盤勢，K 線最易收黑（見第70頁圖表 2-8）。

圖表2-6 | 開平走低，伺機放空

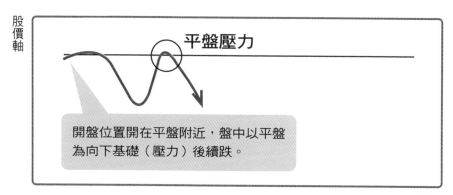

股價軸

平盤壓力

開盤位置開在平盤附近，盤中以平盤
為向下基礎（壓力）後續跌。

時間軸

圖表2-7 | 開低走高，盤中出現反彈行情

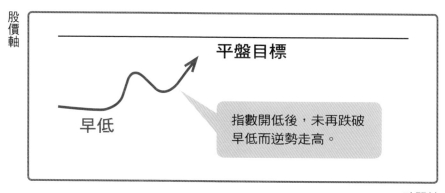

股價軸

平盤目標

早低

指數開低後，未再跌破
早低而逆勢走高。

時間軸

　　當日 K 位置不同時，有不同的意義。比方說，高檔區出現黑
K，顯示上漲壓力增強，易影響漲勢發展；同理，低檔區出現紅 K
顯示下跌阻力增強，也容易影響跌勢發展。

圖表2-8 開低走低，注意開盤位置太低影響續跌空間

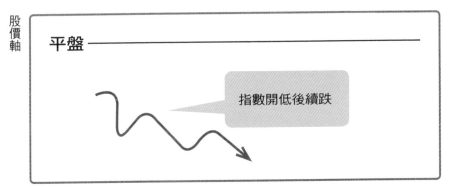

圖表2-9 紅 **K**、黑 **K** 怎麼形成

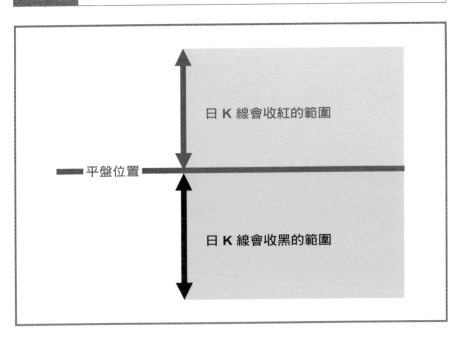

圖表2-10 主要盤勢的形成

開盤位置 收盤位置	開高	開平	開低
高於平盤	形成紅 K	形成紅 K	形成紅 K
低於平盤	形成黑 K	形成黑 K	形成黑 K

而每根 K 線的漲跌幅，代表這根 K 線的力量與強度，比方說，在高檔區出現長黑 K 時，當黑 K 規模越大力量就越強，也顯示出高檔區壓力相當大，易引發漲勢逆轉；同理，當低檔區出現長紅 K 時，當紅 K 規模越大力量也越強，也顯示續跌的阻力增強，使跌勢將暫停或結束，將出現逆轉行情。

因此，觀察日 K 線時，也要一併觀察這一根 K 的所在位置與規模（漲、跌幅）。

而每根日 K 的平均漲跌幅為 100 點，如果當天漲跌幅維持在 100 點以內，為正常值；若超過 100 點以上，代表當天有大行情；若低於 60 點以下，顯示當天風平浪靜而無行情。

判斷 K 線時，除了上述的震幅、位置與規模之外，也可搭配鄰近 K 線參考，可大幅提升判斷準確性。試想一根日 K 線代表一日行情，三根日 K 線代表三日行情，低檔區出現三根長紅 K 的力

量，絕對比低檔出現一根長紅 K 的力量強；同理，高檔區出現三根長黑 K 的下跌力道，絕對比高檔區出現一根長黑 K 還強。

　　如果 K 線是一個「點」，數日以來的 K 線會形成趨勢，形成「線」，若再將判斷 K 線的範圍繼續延展與擴大，就會形成一個「面」，而行情也從其中衍生出短線與中長線之分。

　　初步了解日 K 線的構造與意義後，下一節將以 12 種行情解說，北極星日 K 線法如何能帶領你穩穩賺。

圖表2-11 藉由盤勢圖，你可以一眼就了解三件事

	盤勢圖的重要性
1	對於盤中股價變化、趨勢方向一目了然。
2	簡易判斷今日股價的主要活動範圍。
3	定位今日「支撐與壓力」價位。

第二節
日 K 線操作詳解

範例一：漲勢中出現四根長紅 K 之後，即現北極星

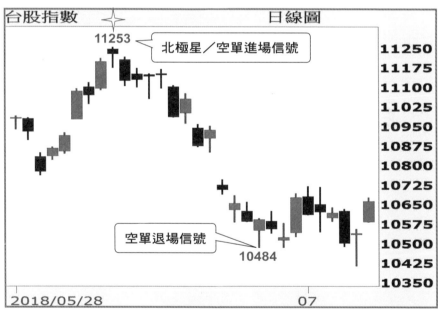

圖表2-12.1 鎖定北極星，等到信號準備空單進場

空單進場信號：漲勢中於 11253 見高後收黑，形成黑 K 創新高，為空單進場信號。
空單退場信號：跌勢中以 10484 見低後收紅，形成紅 K 創新低，為空單退場信號。

● 步驟一：漲勢中，鎖定北極星

指數經過一段小漲後，以 11253 見高後收黑，形成黑 K 創新高，為「北極星」（空單進場信號）。見信號出現，做法有兩種：

（1）空單進場。

（2）先鎖定但不動作，等跌勢確立（指數跌破信號黑 K 低點之後），空單才進場。

圖表2-12.2 空單進場，做法有兩種

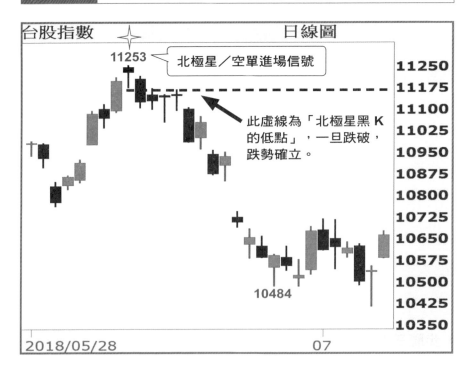

● 步驟二：有效控管風險

　　空單進場後，以信號黑 K 高 11253 為空單防守，只要接下來指數不漲過 11253，表示空單很安全，可安心續抱，直到退場信號出現為止。

圖表2-12.3 預設空單防守能有效避險，安穩中追求最佳獲利

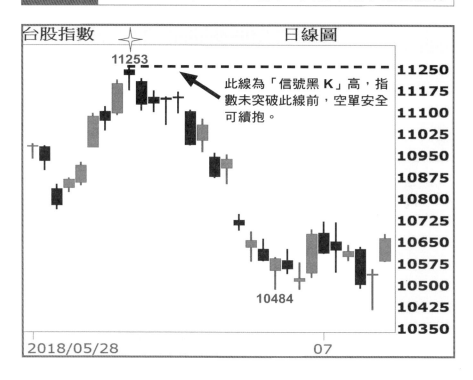

● 步驟三：跌勢中，鎖定空單退場信號

　　空單進場後，當行情如預期下跌，這時要注意「空單退場信號」有無出現，以確保及時退場，才能保有最佳獲利。圖表 2-12.4

右下角處，指數於跌勢中以 10484 見低後收紅，形成紅 K 創新低，此為「空單退場信號」。見信號出現，可將手上空單即時退場；或先鎖定但不動作，等漲勢確立（指數漲過信號紅 K 高）時再退場。

圖表2-12.4 空單退場，做法有兩種

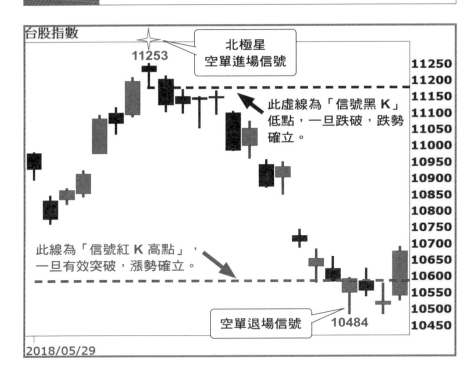

計算這筆空單的獲利機會：自作為北極星的黑 K 高 11253 至空單退場信號紅 K 低 10484 計算起，合計共有 769 點以上的空單獲利空間；而圖中兩道虛線之間，指數約為 11150 到 10600 之間，是這筆 空單交易的保守獲利範圍。

補充說明：

如圖表 2.12.5 所示，空單進場後，於跌勢中曾出現多次「疑似空單退場信號」。這些「疑似」信號出現時，可作為短線停利時機、多口數持有者減碼與分批賣出時機，或可參考行情進行程度來決定出場或續抱：

1. 若距離空單防守價 11253 不遠，可於突破前空單續抱

2. 若距離空單防守價 11253 較遠，可搭配後續 K 線觀察，待「漲勢確立」時將空單停利出場，獲利入袋。

圖表2-12.5 「空單退場信號」判讀

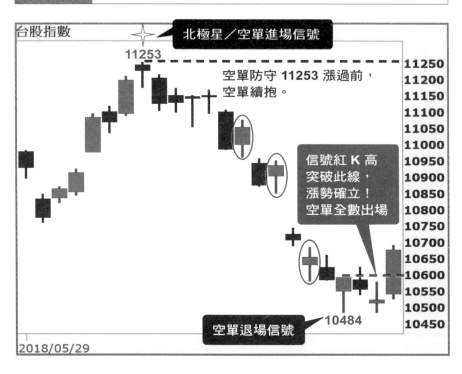

範例二：連漲四根紅 K，仍不敵北極星逆轉的力量

一連串漲勢後，出現黑 K 創新高

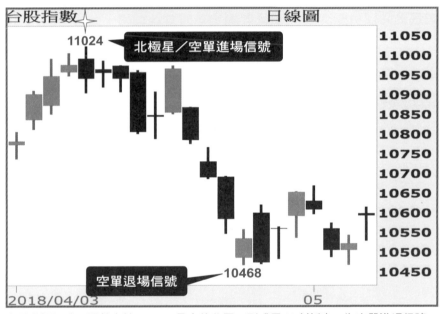

空單進場信號：漲勢中於 11024 見高後收黑，形成黑 K 創新高，為空單進場信號。
空單退場信號：跌勢中以 10468 見低後收紅，形成紅 K 創新低，為空單退場信號。

● **步驟一：漲勢中，鎖定「北極星／空單進場信號」**

　　指數經過一段小漲後，以 11024 見高後收黑，形成黑 K 創新高，為北極星（空單進場信號）。見信號出現，空單可開始進場，或先鎖定但暫不動作，等指數跌破信號黑 K 的低點才進場。

● 步驟二：有效控管風險

空單進場後，以信號黑 K 高 11024 為空單防守價，只要指數不漲過空單防守價 11024，則空單可續抱，直到退場信號出現為止。

● 步驟三：跌勢中，鎖定空單退場信號

空單進場後，當行情如期下跌，接下來應鎖定「空單退場信號」、於適當時機退場，以確保空單最佳獲利。如範例中，行情如期下跌並於跌勢中以 **10468 見低後收紅，形成紅 K 創新低**，為空單退場信號。見信號出現，可開始將手上空單退出；或先鎖定但暫不動作，待指數漲過信號紅 K 的高點時再退場。

● 操作示範，補充教學

下頁圖表 2-13.2 中標示有兩道虛線：上方虛線為「北極星／空單進場信號」黑 K 的低點。信號黑 K 低點一旦跌破，則跌勢確立。可在信號成立時放空，或待「跌勢確立」時放空。

圖中下方虛線為空單退場信號的紅 K 高點。信號紅 K 高點一旦突破，為預告跌勢暫停（或結束）或漲勢確立。若不想在空單退場信號一出現就退場，可等指數突破信號紅 K 高時，也就是漲過圖中下方虛線時再退場。

計算這筆空單的獲利機會：自「空單進場信號」黑 K 高 11024 到「空單退場信號」紅 K 的低點 10468 計算，合計空單獲利空間共有 556 點。而圖中兩道虛線之間約為 10900 到 10550，是這筆空單交易的保守獲利範圍。

圖表2-13.2 依照訊號指示，準時進、退場

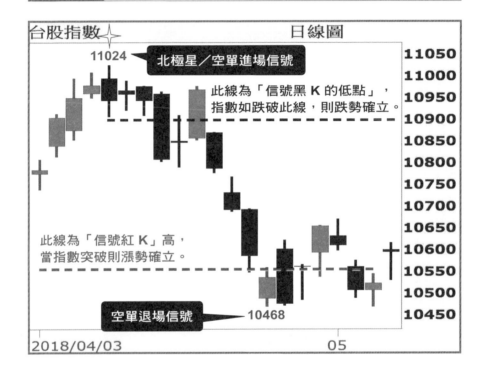

台股指數　　　　　　　　　　日線圖

11024　北極星／空單進場信號

此線為「信號黑 K 的低點」，
指數如跌破此線，則跌勢確立。

此線為「信號紅 K」高，
當指數突破則漲勢確立。

空單退場信號　　10468

2018/04/03　　　　　　　　　05

11050
11000
10950
10900
10850
10800
10750
10700
10650
10600
10550
10500
10450

● 後續行情追蹤

　　下頁圖表 2-13.3 中方框範圍內，為這次空單交易的操作範圍。圖中可見，於空單退場信號出現後，行情開始止跌轉漲，且後續漲幅不小，一路漲到 11000 附近才休息；從空單退場信號、紅 K 低點 10468 起算，這段漲幅有 532 點。

　　如果我們在北極星出現時放空，卻沒有在退場信號出現時下車，獲利便會開始回吐。換句話說，若能在空單退場信號出現時，適時調整手上空單，就能保有最佳獲利。

圖表2-13.3 依照北極星信號操作，確保最佳獲利

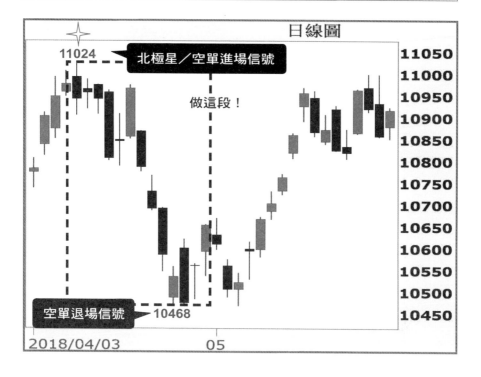

範例三：空單進場後，如果中途行情反彈……

圖表2-14.1 漲勢中出現「北極星」，預告行情將起變化

空單進場信號：漲勢中於 8819 見高後收黑，形成黑 K 創新高，為空單進場信號。
空單退場信號：跌勢中以 8375 見低後收紅，形成紅 K 創新低，為空單退場信號。

● 步驟一：漲勢中，鎖定空單進場信號

　　漲勢中，以 8819 見高後收黑，形成黑 K 創新高，為北極星
（空單進場信號）。見信號出現，即可將空單進場；或暫時不動
作，等指數跌破信號黑 K 低，空單才進場。

● 步驟二：有效控管風險

空單進場後，以信號黑 K 高 8819 為空單防守，只要指數不漲過空單防守價 8819，則空單可續抱，直到退場信號出現為止。

● 步驟三：跌勢中，鎖定空單退場信號

當行情如期下跌，於跌勢中應鎖定「空單退場信號」，確保在適當時機退場，以保有空單最佳獲利。圖表 2-14.1 中，行情如期下跌並於跌勢中以 8375 見新低後收紅，形成紅 K 創新低，為空單退場信號。見信號出現，可將手上空單退出，或先鎖定、暫不動作，待指數漲過信號紅 K 高再退場。

● 操作示範，補充教學

圖表 2-14.2 標示有兩道虛線：上方虛線為北極星（空單進場信號）黑 K 的低點。信號黑 K 低點一旦跌破，則跌勢確立。可在信號出現時放空，或待「跌勢確立」時放空。以上兩個放空進場時機提供選擇。

圖中下方虛線為空單退場信號——紅 K 高點，一旦突破此線，為預告跌勢暫停（或結束）或漲勢確立。可在空單退場信號成立時退場；或待漲勢確立時退場，了結獲利。

計算這筆空單的獲利機會：自「空單進場信號」黑 K 高 8819 至「空單退場信號」紅 K 低 8375，合計共 444 點的空單獲利空間；而圖中兩道虛線之間約為 8700 到 8500，是此次保守獲利範圍。

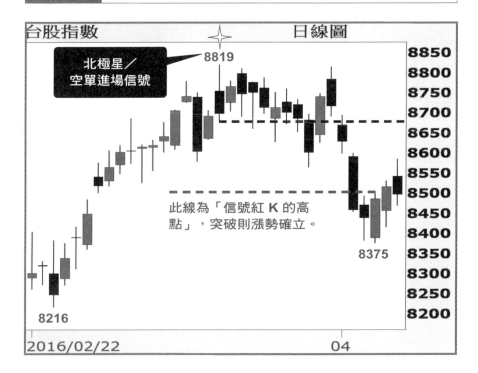

圖表2-14.2 依照信號指示，準時進、退場

● 後續行情追蹤

　　下頁圖表 2-14.3 中虛線方框範圍內，為這次空單交易的操作範圍。從圖中可見，於空單退場信號出現後，行情開始止跌轉漲，且後續漲幅不小，一路漲到 8750 附近才休息；從空單退場信號（紅 K 低點）8375 起算，漲幅有 375 點。如果現在還持有空單，獲利就開始回吐。換句話說，若能在空單退場信號出現時，調整手上空單，就能有效確實保有這筆空單的最佳獲利。

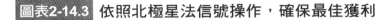

圖表2-14.3　依照北極星法信號操作，確保最佳獲利

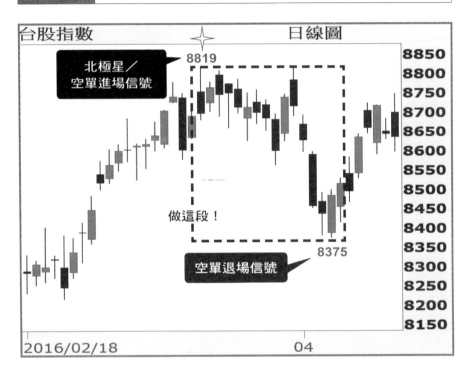

※特別說明：在此範例中，在北極星（空單進場信號）出現後，行情並沒有馬上下跌，而形成膠著。若遇到類似情形，只要以「空單進場信號」黑 K 高為空單防守。

以此範例而言，即使行情膠著、下跌不易，但只要指數未漲過空單防守價 8819，那麼空單可安心續抱，直到退場信號出現為止。

另一方面，投資者以空單進場後，當跌勢顯得膠著、有下跌不易的情形時。此時第一，鎖定指數不能漲過「空單防守」，而且若

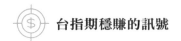

空單退場信號出現，務必適時退場，以免一旦行情翻轉，獲利開始回吐。

圖表2-14.4 設定空單防守價，突破前守住空單

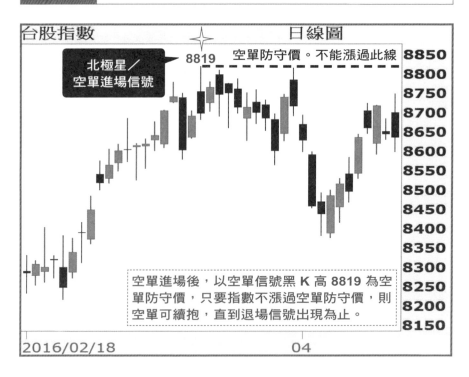

範例四：跌勢中，最有力的空單退場信號

圖表2-15.1 漲勢中，出現黑 K 創新高

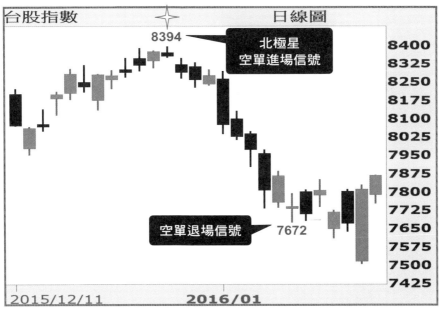

空單進場信號：漲勢中於 8394 見高後收黑，形成黑 K 創新高，為空單進場信號。
空單退場信號：跌勢中以 7672 見低後收紅，形成紅 K 創新低，為空單退場信號。

● **步驟一：漲勢中，鎖定空單進場信號**

漲勢中，以 8394 見高後收黑，形成黑 K 創新高，為北極星（空單進場信號）。見信號出現，空單可開始進場，或暫時不動作，等跌勢確立後（指數跌破信號黑 K 低）空單才進場。

● **步驟二：有效控管風險**

空單進場後，以信號黑 K 的高點 8394 為空單防守價，只要指數不漲過空單防守價 8394，則空單可續抱，直到退場信號出現為止。

● **步驟三：跌勢中，鎖定空單退場信號**

空單進場後，當行情如期下跌後，於跌勢中應鎖定空單退場信號、準時退場，以保有最佳獲利。圖表 2-15.1 中，行情如期下跌並於跌勢中以 7672 見低後收紅，形成紅 K 創新低，為空單退場信號。見信號出現，可將手上空單即時退出，或暫不等待指數漲過信號紅 K 高時再退場。

● **操作示範，補充教學**

下頁圖表 2-15.2 標示有兩道虛線：上方虛線為北極星（空單進場信號）黑 K 的低點。此線一旦跌破，為跌勢確立。可在信號成立時放空，或待「跌勢確立」時放空。這是空單進場時機的兩個選項。

另外，圖中下方虛線為「空單退場信號」的紅 K 高點。一旦指數突破信號紅 K 高點，為預告跌勢暫停（或結束）或漲勢確立。可在空單退場信號出現時即時退場，或待漲勢確立退場，也就是漲過下方虛線時再退場。

計算這筆空單的獲利機會：自「空單進場信號」黑 K 高 8394 至「空單退場信號」紅 K 低 7672，合計有 722 點的空單獲利空

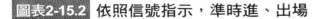

圖表2-15.2 依照信號指示，準時進、出場

間；而圖中兩道虛線之間約為 8350 到 7800，是這筆交易的保守獲利範圍。

● **後續行情追蹤**

圖表 2-15.3 中方框範圍內，是這次空單交易範圍。

從圖中可見，於空單退場信號出現後，行情開始止跌轉漲，且後續漲幅相當大，一路漲到 8819 才休息。從「空單退場信號」紅 K 的低點 7672 起算，漲幅有 1147 點。若未依照退場信號出場，就

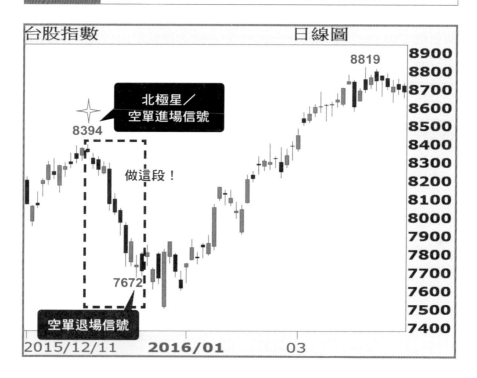

圖表2-15.3 依照北極星法信號操作，確保最佳獲利

會讓自己陷於虧損風險之中。反之，若能確實依照退場信號出場，
還能反向操作順勢作多，多空兩面都獲利。

不過，若能按照標準步驟，於空單退場信號出現時即退場，就
能確保這筆空單的最佳獲利。

※特別說明：跌勢中，最怕看見低檔長紅出現，其通常預告跌
勢暫停或結束，或行情由跌轉漲。因此空單進場後，若見低檔長紅
成空單退場信號時，最好心生警惕並適時退場，以確保空單操作的

最佳獲利。

　　在本範例中，雖在「空單退場信號」與「跌勢確立」後指數仍創新低 7503，但卻也同步形成低檔長紅。見此現象出現，對於後勢行情不宜一昧偏空，反而要開始偏多看待。

圖表2-15.4 低檔見長紅。空單不留戀，適時退場確保獲利

範例五：連漲四根紅 K 之後，出現北極星，預告行情將由漲轉跌

圖表2-16.1 漲勢中出現「北極星」，預告行情將起變化

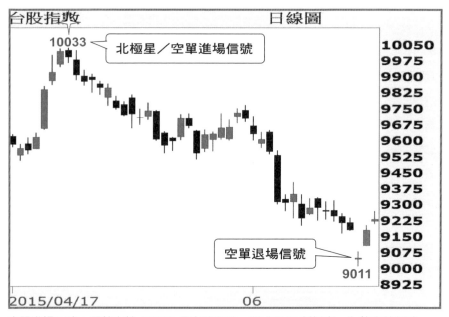

空單進場信號：漲勢中於 10033 見高後收黑，形成黑 K 創新高，為放空的信號。
空單退場信號：跌勢中以 9011 見低後收紅，形成紅 K 創新低，為空單退場信號。

● 步驟一：漲勢中，鎖定空單進場信號

漲勢中，以 10033 見高後收黑，形成黑 K 創新高，北極星（空單進場信號）出現。見信號出現，空單可開始進場，或先鎖定、暫時不動作，等指數跌破信號黑 K 的低點，空單才進場。

● **步驟二：有效控管風險**

空單進場後，以信號黑 K 的高點 10033 為空單防守，只要指數不漲過空單防守價 10033，我可續抱空單，並鎖定退場信號。

● **步驟三：跌勢中，鎖定空單退場信號**

當行情如期下跌，於跌勢中應持續鎖定空單退場信號，確保在適當時機退場。圖表 2-16.1 中，行情如期下跌並以 9011 見低後收紅，形成紅 K 創新低，為空單退場信號。見信號出現，可將手上空單退場，或是等待指數漲過信號紅 K 高時再退場。

● **操作示範，補充教學**

圖表 2-16.2 中標示有兩道虛線：上方虛線為北極星（空單進場信號）黑 K 的低點。信號黑 K 低點一旦跌破，為跌勢確立。

當北極星出現時，空單即可進場，這是放空時機的第一選項；或可等到指數跌破線下再進場，這是放空時機的第二選項。

另外，圖中下方紅色虛線為「空單退場信號」——紅 K 的高點。信號紅 K 高點一旦突破，為預告跌勢暫停（或結束）或漲勢確立。手上空單應在空單退場信號出現時馬上退場，或等指數漲過信號紅 K 的高點時——也就是漲過下方虛線時再退場。

計算這筆空單的獲利機會：自北極星、黑 K 的高點 10033 至「空單退場信號」紅 K 低 9011，共有 1022 點的空單獲利空間；而圖中兩道虛線之間約為 9975 到 9075，是這筆空單交易的保守獲利範圍。

圖表2-16.2 北極星出現後，迎來一波空方大行情

台股指數　　　　　　　　　　日線圖

北極星空單進場信號

10033

此線為「信號黑 K 低」，跌破則跌勢確立。

此線為「信號紅 K 高」，突破則漲勢確立。

空單退場信號　　9011

10050
9975
9900
9825
9750
9675
9600
9525
9450
9375
9300
9225
9150
9075
9000
8925

2015/04/17　　　　　　　06

● **後續行情追蹤**

　　下頁圖表 2-16.3 的方框範圍，是這次我們參與空單交易的操作範圍。圖中可見，於北極星（空單退場信號）出現後，行情開始止跌反彈，由空單退場信號的低點 9011 反彈至 9370 才休息，反彈漲幅有 350 點以上。若能在「空單退場信號」出現時即退場，就能免於反彈期間造成獲利減損的情形。

　　※特別說明：這次範例遇上了大行情，於「空單退場信號」出

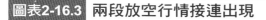

圖表2-16.3　兩段放空行情接連出現

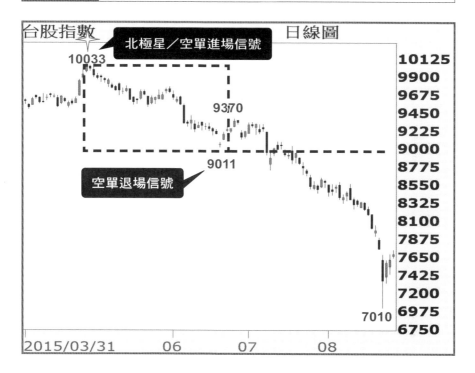

現，歷經短暫反彈後，又再大跌了一段，且跌幅相當大！一路跌到
7010 才休息。若範例中我們參與的是第一段行情 10033 到 9011，
那麼該如何參與 9011 到 7010 這第二段行情呢？

　　可將「空單退場信號」作為分界，一旦指數跌落空單退場信號
以下，極度容易引爆第二段跌勢。不過，這是另外的操作法，也不
符合本書所要闡述的操作規則，因此不贅述。

　　只要能作好第一段行情，就能拿回約千點獲利，對新手朋友來
說，這樣的獲利情形已相當滿足。

範例六：高檔區，多頭力竭，此時北極星出現

圖表2-17.1 漲勢中，出現北極星信號，空單開始進場操作

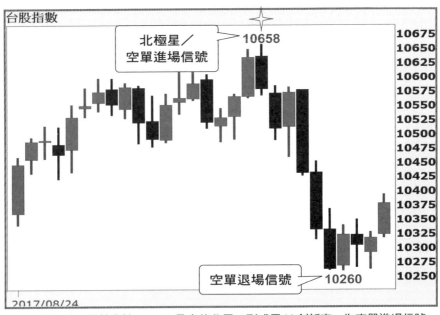

台股指數

北極星／
空單進場信號　　10658

空單退場信號　　10260

2017/08/24

空單進場信號：漲勢中於 10658 見高後收黑，形成黑 K 創新高，為空單進場信號。
空單退場信號：跌勢中以 10260 見低後收紅，形成紅 K 創新低，為空單退場信號。

● **步驟一：漲勢中，鎖定空單進場信號**

漲勢中，以 10658 見高後收黑，形成黑 K 創新高，為北極星
（空單進場信號）。見信號出現，空單可開始進場，或暫時不動
作，等跌勢確立後（指數跌破信號黑 K 的低點）空單才進場。

● 步驟二：有效控管風險

　　空單進場後，以信號黑 K 高 10658 為空單防守，只要指數不漲過空單防守價，就可以續抱空單，直到退場信號出現為止。

● 步驟三：跌勢中，鎖定空單退場信號

　　空單進場後，當行情如期下跌後，於跌勢中應持續鎖定空單退場信號，確保在適當時機退場，以保有空單最佳獲利。如範例中，行情如期下跌並於跌勢中以 10260 見低後收紅，形成紅 K 創新低，為空單退場信號。見信號出現，可開始將手上空單即時退出，或先鎖定但暫不動作，待指數漲過信號紅 K 高時再退場。

● 操作示範，補充教學

　　圖表 2-17.2 標示有兩道虛線：上方黑色虛線，為北極星（空單進場信號）的黑 K 的低點。信號黑 K 低點一旦跌破，則跌勢確立。在此，空單進場時機的選擇有二：

　　（1）「北極星」出現時；

　　（2）「跌勢確立」時。

　　或可依照這兩個時機分次進場。另外，退場時機有二：

　　（1）「空單退場信號」出現時

　　如圖表 2-17.2 中，空單進場後，於跌勢中出現紅 K 創新低價 10260，為「空單退場信號」。見信號出現，可將空單退場。

　　（2）漲勢確立時

　　信號出現後，若行情續漲且漲過信號紅 K 高（圖中下方紅色虛線），為漲勢確立，也可選在此時退場。

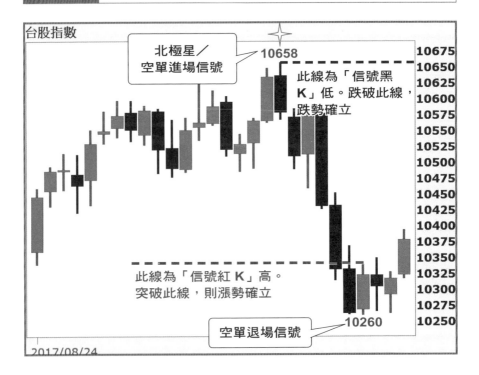

圖表2-17.2 空單進場後，跌勢中，請留意退場時機

台股指數

北極星／
空單進場信號

10658

此線為「信號黑
K」低。跌破此線，
跌勢確立

此線為「信號紅 K」高。
突破此線，則漲勢確立

空單退場信號 10260

2017/08/24

退場時機的選擇如上述（1）或（2），或可依照這兩個時機點分次退場。

計算這筆空單的獲利機會：自「空單進場信號」黑 K 高 10658至「空單退場信號」紅 K 低 10260，合計共有 395 點空單獲利空間；而圖中兩道虛線之間約為 10650 到 10350 之間，是這筆空單交易的保守獲利範圍。

● 後續行情追蹤

　　圖中方框範圍內為這次空單交易的操作範圍。於空單退場信號
出現後，行情開始止跌轉漲，且後續漲幅相當大！指數一路漲到
10800附近才休息。

圖表2-17.3　依照信號操作，確保交易最佳獲利

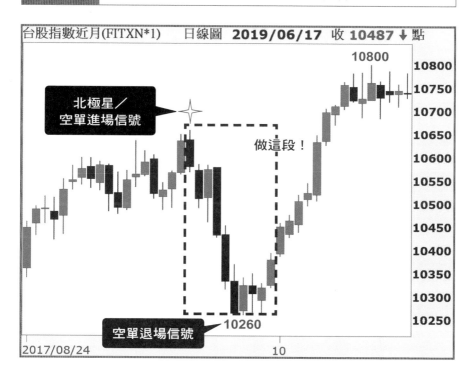

　　從空單退場信號低點 10260 起算，漲幅高達 540 點。

　　若此時空單仍在手上，便會威脅到獲利情形。相反的，若能在
「空單退場信號」出現時，調節手上空單，就能確保最佳獲利。

範例七：漲後陷入盤整行情，北極星即時出現

圖表2-18.1	漲勢中出現北極星（空單進場信號），開始進場操作

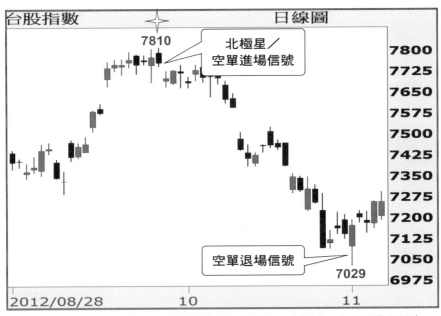

空單進場信號：漲勢中於 7810 見高後收黑，形成黑 K 創新高，為空單進場信號。
空單退場信號：跌勢中以 7029 見低後收紅，形成紅 K 創新低，為空單退場信號。

● 步驟一：漲勢中，鎖定空單進場信號

漲勢中，以 7810 見高後收黑，形成黑 K 創新高，為北極星（空單進場信號）。見信號出現，空單可開始進場，或是等跌勢確立（指數跌破信號黑 K 的低點）才進場。

● 步驟二：有效控管風險

空單進場後，以信號黑 K 的高點 7810 為空單防守價，只要指數不漲過空單防守價，則空單可續抱，直到退場信號出現為止。

● 步驟三：跌勢中，鎖定空單退場信號

當行情如期下跌，於跌勢中應持續鎖定「空單退場信號」，確保在適當時機退場，以保有最佳獲利。圖表 2-18.1 中，行情如期下跌並以 7029 見低後收紅，形成紅 K 創新低，為空單退場信號。見信號出現，可將手上空單退出，或先鎖定但暫不動作，待指數漲過信號紅 K 高時再退場。

● 操作示範，補充教學

下頁圖表 2-18.2 中標示有兩道虛線：上方虛線為北極星（空單進場信號）、黑 K 的低點。一旦指數跌破信號黑 K 低點，則跌勢確立。進場時機的選擇：可在「北極星」出現時放空，或待「跌勢確立」時放空。可於兩個進場時機中二擇一，或兩者合用、分次進場。

另外，圖中紅色虛線為空單退場信號、紅 K 的高點。信號紅 K 高點一旦突破，為預告跌勢暫停（或結束）或漲勢確立。退場時機的選擇：可在「空單退場信號」出現時退場，或待「漲勢確立」時退場。可於這兩個退場時機中二擇一，或兩者合用、分次退場。

計算這筆空單的獲利機會：自「空單進場信號」黑 K 的高點

圖表2-18.2 依照信號指示操作，準時進出場，可保最佳獲利

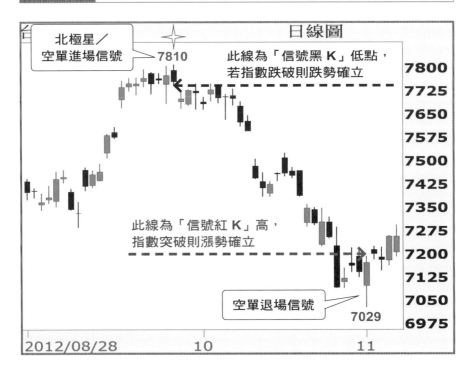

7810 至「空單退場信號」紅 K 的低點 7029 計算，共有 780 點以上的空單獲利空間；而圖中兩道虛線之間，指數約為 7725 到 7200，是這筆空單交易的保守獲利範圍。

● **後續行情追蹤**

圖表 2-18.3 中方框範圍內，為這次空單交易的操作範圍。空單退場信號出現後，行情止跌轉漲，且後續漲幅相當大，一路漲到接近 7800 附近才休息。

圖表2-18.3 依照信號確實退場，可保最佳獲利

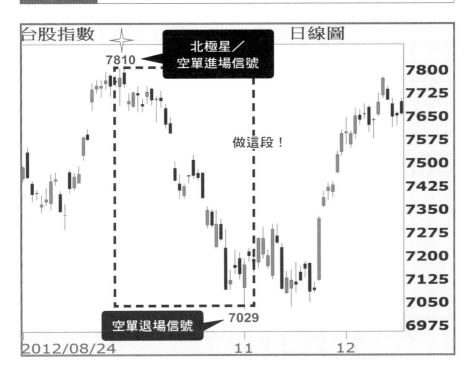

　　從空單退場信號、紅 K 的低點 7029 起算，漲幅高達 770 點。此時，若空單仍在手便會威脅到獲利。換句話說，只要能在「空單退場信號」出現時，適時停利出場，就能確保最佳獲利。

　　※特別說明：見圖表 2-18.4，空單進場後，於跌勢中多次出現「疑似空單退場信號」跡象，皆可構成退場信號。若此時手上持有部位不只一口，可分批賣出，或搭配「漲勢確立（後續確實止跌轉漲且漲過信號紅 K 高時）」一起判斷。

此次操作過程中，在「疑似」空單退場信號的紅K出現之後，都未接續「漲勢確立」的情形，如此一來，行情續跌機率大。空單進場後，可搭配「漲勢確立」與否一起判斷，可有效避免過早離場（減損獲利）的問題。

圖表2-18.4 「疑似空單退場信號」出現，判斷漲勢確立與否

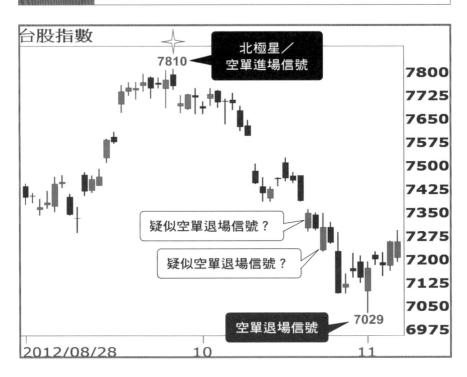

範例八：漲勢中，黑 K 跳空開高且為北極星，預告漲勢暫停

圖表2-19.1	漲勢中出現北極星（空單進場信號），開始進場操作

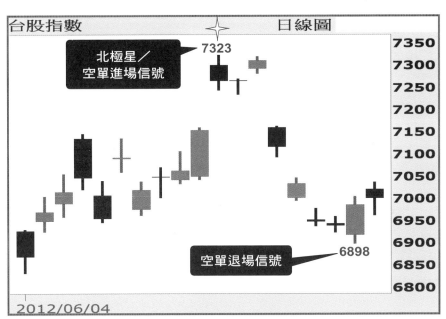

空單進場信號：漲勢中於 7323 見高後收黑，形成黑 K 創新高，為空單進場信號。
空單退場信號：跌勢中以 6898 見低後收紅，形成紅 K 創新低，為空單退場信號。

● 步驟一：漲勢中，鎖定空單進場信號

　　漲勢中以 7323 見高後收黑，形成黑 K 創新高，為北極星（空單進場信號）。見信號出現，空單可進場，或先鎖定但暫時不動作，等指數跌破信號黑 K 的低點，空單才進場。

● 步驟二：有效控管風險

空單進場後，以信號黑 K 的高點 7323 為防守價，只要指數不漲過空單防守價，空單可續抱，直到退場信號出現為止。

● 步驟三：跌勢中，鎖定空單退場信號

當行情如期下跌，於跌勢中應持續鎖定空單退場信號，確保適時退場，進而保有空單最佳獲利。圖表 2-19.1 中，行情如期下跌，跌勢中以 6898 收紅，形成紅 K 創新低，為空單退場信號。見信號出現，可將手上空單退出，或先鎖定但暫不動作，待指數漲過信號紅 K 高時再退場。

● 操作示範，補充教學

右頁圖表 2-19.2 中標示有兩道虛線：上方黑色虛線，為「空單進場信號」黑 K的低點。此線一旦跌破，則跌勢確立。另外，下方虛線為空單退場信號——紅 K 高點。信號紅 K 高點一旦突破，為漲勢確立。操作時請依照進、退場信號準時進行。

計算這筆空單的獲利機會：自「空單進場信號」黑 K 的高點 7323 至空單退場信號、紅 K 的低點 6898，合計有 425 點的空單獲利空間；而圖中兩道虛線之間，指數約為 7250 到 7000，是這筆空單交易的保守獲利範圍。

圖表2-19.2 請依照信號操作，準時進場也準時出場

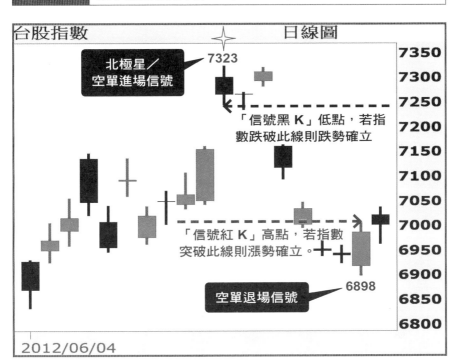

- **後續行情追蹤**

下頁圖表 2-19.3 中方框範圍，為這次空單交易的操作範圍。圖中可見，於「空單退場信號」出現後，行情開始止跌、轉漲，且後續漲幅一路漲到 7327 才休息。

從空單退場信號低點 6898 起算，漲幅有 429 點之多。

此漲幅已經超越空單進場信號的位置，若此時空單仍在手上，就威脅到獲利情形。換句話說，若能在空單退場信號出現時，適時將手上空單停利出場，就能確保最佳獲利。

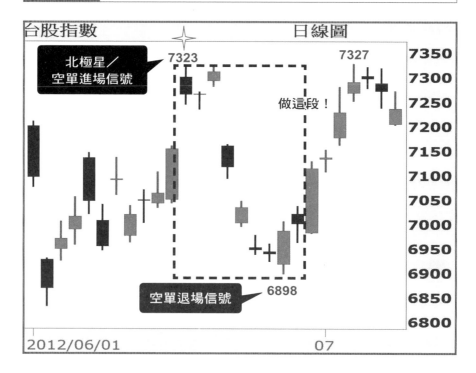

圖表2-19.3　劃分交易範圍，退場後，從下段漲勢中尋覓再次進場獲利的好機會

台股指數　　　　　　　　　　　日線圖

北極星／
空單進場信號

7323　　　　　　　7327

做這段！

空單退場信號　　　6898

2012/06/01　　　　　　　　　07

　　※特別說明：範例八中，於空單退場信號前，曾出現「疑似空單退場信號」的情形（見圖表 2-19.4）。

　　可作為分批賣出的賣點；或先確定「漲勢確立」與否，若未確立，則行情續跌機率高，空單可續抱，直到下個退場信號出現。

圖表2-19.4 下跌期間，若出現「疑似空單退場信號」，判斷「漲勢確立」與否

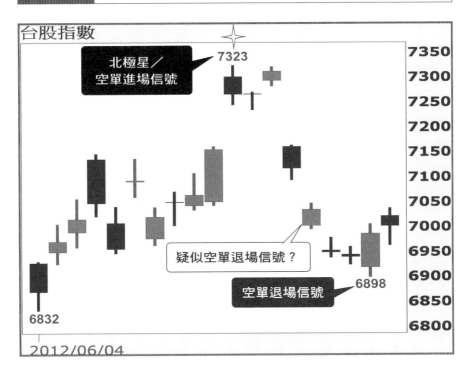

範例九：「怕錯失第二段行情」？守紀律，才能長久獲利

圖表2-20.1 漲勢中出現北極星（空單進場信號），開始進場操作

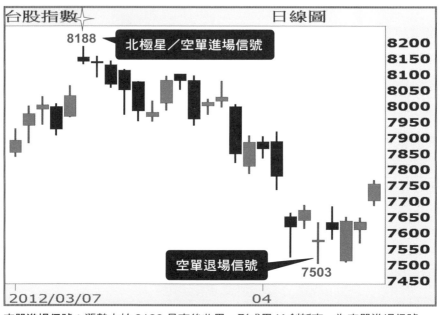

空單進場信號：漲勢中於 8188 見高後收黑，形成黑 K 創新高，為空單進場信號。
空單退場信號：跌勢中以 7503 見低後收紅，形成紅 K 創新低，為空單退場信號。

● **步驟一：漲勢中，鎖定空單進場信號**

漲勢中，以 8188 黑 K 創新高，為北極星（空單進場信號）。見信號出現，空單可進場，或先鎖定但暫時不動作，等跌勢確立後（指數跌破信號黑 K 的低點）空單才進場。

● 步驟二：有效控管風險

空單進場後，以信號黑 K 的高點 8188 作為空單防守價，等待退場信號的出現。

● 步驟三：跌勢中，鎖定空單退場信號

當行情如期下跌，於跌勢中應持續鎖定空單退場信號，確保在適當時機退場。圖表 2-20.1 中，行情如期下跌並於跌勢中以 7503 紅 K 創新低，為空單退場信號。見信號出現，可將手上空單即時退出，或先鎖定但暫不動作，待指數漲過信號紅 K 高時再退場。

● 操作示範，補充教學

下頁圖表 2-20.2 中標示有兩道虛線：上方虛線為北極星（空單進場信號）黑 K 的低點。一旦指數跌破此線，則跌勢確立。進場時機的選擇：可在「北極星」出現時放空，或待「跌勢確立」時放空。可於兩個進場時機中二擇一，或兩者合用、分次進場。

另外，圖中下方虛線為空單退場信號——紅 K 高點。一旦指數跌破「空單退場信號」紅 K 的高點，為漲勢確立。退場時機的選擇：可在「空單退場信號」出現時退場，或待「漲勢確立」時退場。可於這兩個退場時機中二擇一，或兩者合用、分次退場。

計算這筆空單的獲利機會：計算自空單進場信號的黑 K 的高點 8188 至「空單退場信號」紅 K 的低點 7503，合計空單獲利空間有 685 點；而圖中兩道虛線之間，指數約為 8150 到 7650，是這筆空單交易的保守獲利範圍。

圖表2-20.2 請依照信號操作，準時進場也準時出場

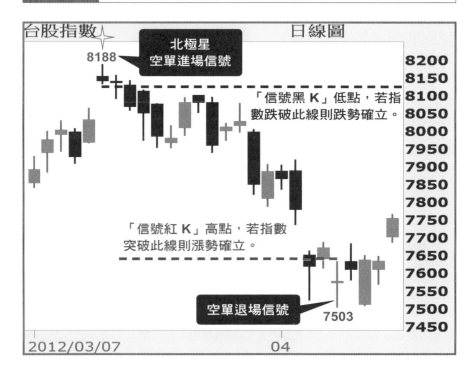

● **後續行情追蹤**

　　從圖表 2-20.3 中可見，於空單退場信號出現後，短暫止跌，又大跌一段，一路跌到 6832 才休息。

　　我們該如何從第一段行情（空單進場信號 8188 到空單退場信號 7503）獲利，又能把握 7503 至低點 6832 這第二段行情呢？

　　可將「空單退場信號」作為分界，一旦指數跌落空單退場信號以下，極度容易引爆第二段跌勢。因此，可於指數跌破空單退場信號時再度進場，參與第二段行情。

圖表2-20.3 退場信號出現之後，易引爆下一段跌勢

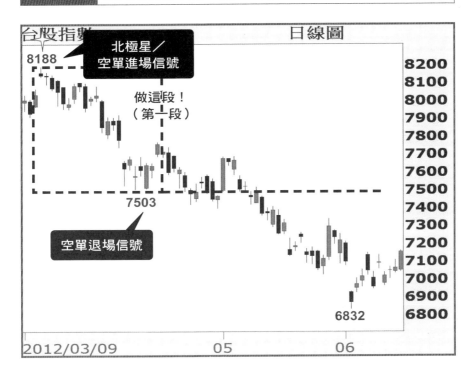

　　至於第二段行情操作法已超出本書討論範圍。只要做好第一段行情，就能掌握多達 685 點的空方行情並拿回約五百點的獲利。

　　※特別說明：空單進場後，若於下跌過程中出現「疑似」空單退場信號時，可作為多口數持有者的分批賣出時機、短線停利時機；或搭配後續 K 線、觀察漲勢是否已確立，若未確立，則空單續抱，直到下一個空單退場信號出現為止。

範例十:行情於漲勢中陷入膠著,北極星即時出現,預告行情將轉折

圖表2-21.1 漲勢中出現北極星(空單進場信號),開始進場操作

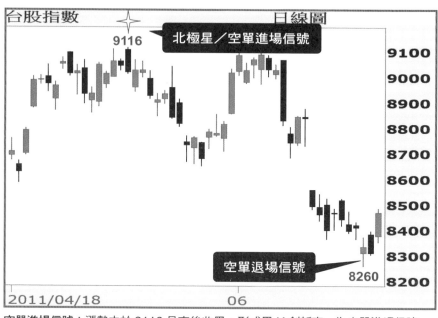

空單進場信號:漲勢中於9116見高後收黑,形成黑K創新高,為空單進場信號。
空單退場信號:跌勢中以8260見低後收紅,形成紅K創新低,為空單退場信號。

● **步驟一:漲勢中,鎖定空單進場信號**

　　漲勢中,以9116見高後收黑,形成黑K創新高,為北極星(空單進場信號)。見信號出現,空單可進場,或暫時不動作,等指數跌破信號黑K低點空單才進場。

● **步驟二：有效控管風險**

空單進場後，以信號黑 K 高 9116 為防守線，只要指數不漲過空單防守價，即可續抱，直到退場信號出現為止。

● **步驟三：跌勢中，鎖定空單退場信號**

當行情如期下跌，於跌勢中應持續鎖定空單退場信號，確保在適當時機退場，以保有空單最佳獲利。圖表 2-21.1 中，行情如期下跌並於跌勢中以 8260 形成紅 K 創新低，為空單退場信號。見信號出現，可將手上空單即時退出，或待指數漲過信號紅 K 高時再退場。

● **操作示範，補充教學**

下頁圖表 2-21.2 中標示有兩道虛線：上方虛線為空單進場信號、黑 K 的低點。一旦指數跌破此線，代表跌勢確立；另外，圖中紅色虛線為空單退場信號、紅 K 的高點，信號紅 K 高點一旦突破，為預告跌勢暫停（或結束）或漲勢確立。

計算這筆空單的獲利機會：計算自空單進場信號、黑 K 的高點 9116 至空單退場信號、紅 K 的低點 8260，合計空單獲利空間共有 856 點；而圖中兩道虛線之間，指數約為 9000 到 8400，是這筆空單交易的保守獲利範圍。

● **後續行情追蹤**

第 117 頁圖表 2-21.3 中方框範圍內，是這次空單交易的操作範

圖表2-21.2 請依照信號操作，準時進場也準時出場

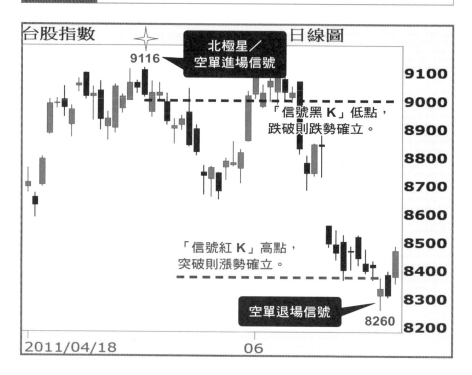

圍。於空單退場信號出現後，行情開始止跌轉漲，且後續一路漲到
8800 附近才休息。

從「空單退場信號」的低點 8260 起算，漲幅將近有 540 點。
已超越前面跌幅（方框範圍內）的一半以上，如果未依照空單退場
信號指示來操作，就會大大威脅這筆空單的獲利績效；換句話說，
若能在「空單退場信號」出現時，將手上空單停利出場、獲利了
結，就能確保最佳獲利。

圖表2-21.3　依照北極星法訊號操作，確保空單最佳獲利

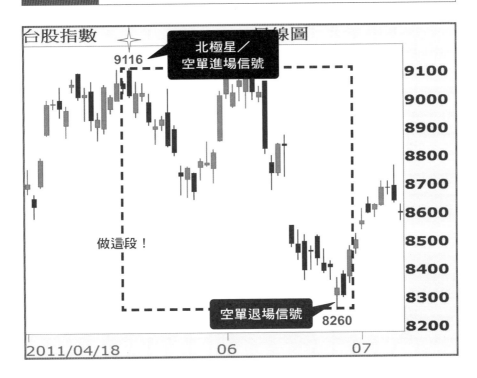

※特別說明：從下頁表 2-21.4 可見，空單進場信號出現後，指數如期下跌，但**中途行情突然轉強並反彈**。我們該如何避免獲利回吐？

不用擔心。記得前幾個範例提及的空單防守價嗎？

空單防守是以北極星（空單進場信號）黑 K 的高點為主。空單進場後，**只要指數不漲過信號黑 K 的高點 9116，那麼空單就可安心續抱**，直到空單退場信號出現為止。

操作時，可在看盤軟體上劃出「空單防守」位置，或在隨身看

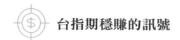
圖表2-21.4 預設空單防守價（北極星），排除投資情緒

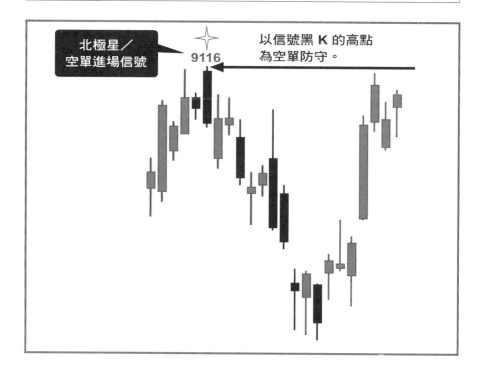

盤工具上預設警示鈴聲，以便在情況出現時適時動作。

另外空單進場後，若於下跌過程中出現「疑似空單退場信號」時，可作為多口數持有者的分批賣出時機、短線停利時機，或搭配後續 K 線來合併觀察是否構成「漲勢確立」，若未構成，則空單可續抱，直到下一個空單退場信號出現為止。

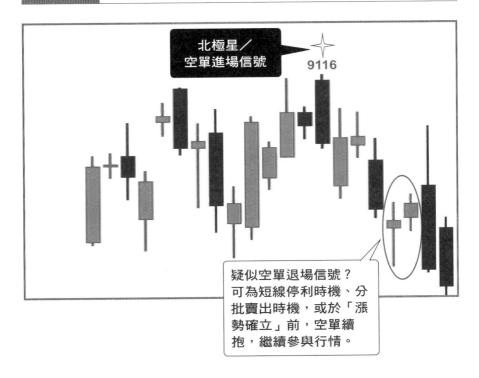

圖表2-21.5 跌勢中出現「疑似空單退場信號」

範例十一：高檔長黑 K 線止漲且為北極星，行情將轉跌

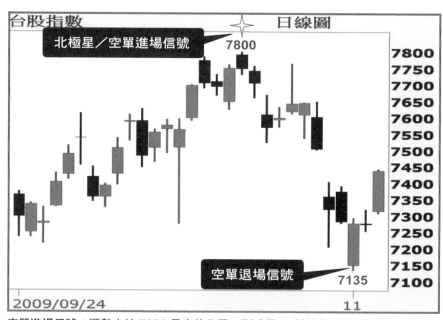

圖表2-22.1 漲勢中出現北極星（空單進場信號），開始進場操作

空單進場信號：漲勢中於 7800 見高後收黑，形成黑 K 創新高，為空單進場信號。
空單退場信號：跌勢中以 7135 見低後收紅，形成紅 K 創新低，為空單退場信號。

● **步驟一：漲勢中，鎖定空單進場信號**

漲勢中，以 7800 黑，形成黑 K 創新高，此為北極星（空單進場信號）。見信號出現，空單可開始進場，或先鎖定但暫時不動作，等跌勢確立後（指數跌破信號黑 K 的低點）空單才進場。

● **步驟二：有效控管風險**

空單進場後，以信號黑 K 的高點 7800 作為防守線，只要指數不漲過空單防守價 7800 投資人即可續抱，直到退場信號出現為止。

● **步驟三：跌勢中，鎖定空單退場信號**

當行情如期下跌，於跌勢中應持續鎖定「空單退場信號」，確保在適當時機退場，以保有空單最佳獲利。圖表 2-22.1 中，行情如期下跌並於跌勢中以 7135 紅，形成紅 K 創新低，為空單退場信號。見信號出現，可將手上空單退出，或先鎖定但暫不動作，待指數漲過信號紅 K 高時再退場。

● **操作示範，補充教學**

下頁圖表 2-22.2 中有兩道虛線：上方虛線為「空單進場信號」黑 K 的低點，此線一旦跌破，代表跌勢確立。另外，圖中下方虛線為「空單退場信號」紅 K 的高點，信號紅 K 高點一旦突破，為預告跌勢暫停（或結束）或漲勢確立。

計算這筆空單的獲利機會：計算自「空單進場信號」黑 K 的高點 7800 至空單退場信號的紅 K 的低點 7135，合計有 665 點的空單獲利空間；而圖中兩道虛線之間約為 7750 到 7300，是這筆空單交易的保守獲利範圍。

● **後續行情追蹤**

第 123 頁圖表 2-22.3 中方框範圍內，是這次空單交易的操作

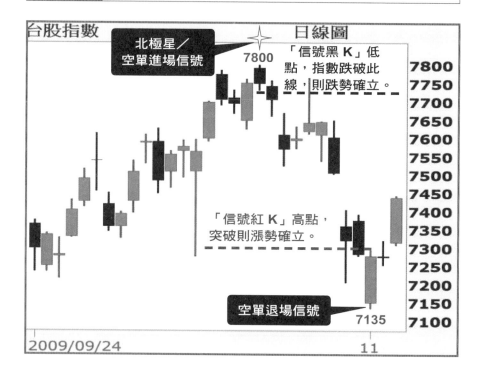

圖表2-22.2 請依照信號操作，準時進場也準時出場

台股指數　　　　　　　　　　　　日線圖

北極星／
空單進場信號

7800

「信號黑K」低
點，指數跌破此
線，則跌勢確立。

「信號紅K」高點，
突破則漲勢確立。

空單退場信號

7135

2009/09/24　　　　　　　　　　　　11

範圍。於空單退場信號出現後，行情開始止跌轉漲，而且後續漲幅
相當大，一路漲到7997才減緩。

　　從空單退場信號低點7135起算，漲幅有862點之多，甚至超
越空單進場的價位7800。

　　此時，如果沒有依照空單退場信號操作，獲利就會減損，甚至
轉盈為虧。相反的，若能在空單退場信號出現時，將手上空單停利
出場，就能確保最佳獲利。

圖表2-22.3 依照信號指示操作，準時進出場，可保最佳獲利

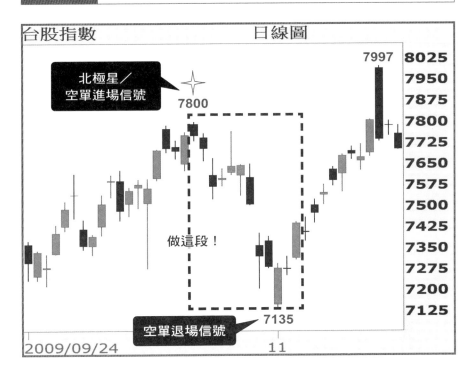

台股指數　　　　　　　日線圖

北極星／
空單進場信號

做這段！

空單退場信號

2009/09/24

範例十二：進場後遇行情反彈。以北極星為空單防守，也穩住投資情緒

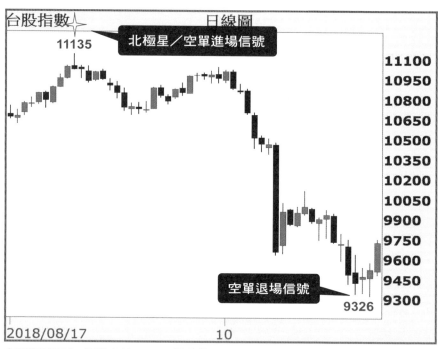

圖表2-23.1 漲勢中出現北極星（空單進場信號），開始進場操作

空單進場信號：漲勢中於 11135 見高後收黑，形成黑 K 創新高，為空單進場信號。
空單退場信號：跌勢中以 9326 見低後收紅，形成紅 K 創新低，為空單退場信號。

● **步驟一：漲勢中，鎖定空單進場信號**

　　漲勢中以 11135 見高後收黑，形成黑 K 創新高，為北極星
（空單進場信號）。見信號出現，空單可開始進場，或先鎖定但暫

時不動作，等跌勢確立後（指數跌破信號黑 K 低）空單才進場。

● 步驟二：有效控管風險

空單進場後，以信號黑 K 高 11135 為空單防守，只要指數不漲過空單防守價 11135，那麼空單就可安心續抱並等待退場信號。

● 步驟三：跌勢中，鎖定空單退場信號

當行情如期下跌，於跌勢中應鎖定「空單退場信號」並在適當時機退場，以確保空單最佳獲利。範例十二中，行情如期下跌並於跌勢中以 9326 見低後收紅，形成紅 K 創新低，為空單退場信號。

見信號出現，可開始將手上空單即時退出，或等待指數漲過信號紅 K 高點時再退場。

● 操作示範，補充教學

下頁圖表 2-23.2 中標示有兩道虛線：上方虛線為「空單進場信號」黑 K 的低點。信號黑 K 低點一旦跌破，代表跌勢確立；另外，圖中下方虛線為「空單退場信號」紅 K 的高點，信號紅 K 高點一旦突破，為漲勢確立。

計算這筆空單的獲利機會：自「空單進場信號」黑 K 高 11135 至「空單退場信號」紅 K 低 9326，共有 1809 點的獲利空間；而圖中兩道虛線之間約為 11100 到 9600，是此次交易的保守獲利範圍。

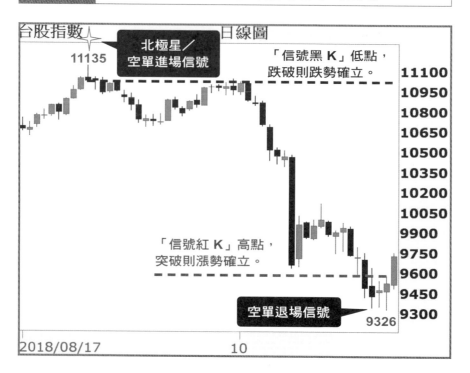

圖表2-23.2 請依照信號操作，準時進場也準時出場

台股指數　　　　　　　　　　　　　日線圖

北極星／
空單進場信號

「信號黑K」低點，
跌破則跌勢確立。

11135

「信號紅K」高點，
突破則漲勢確立。

空單退場信號

9326

2018/08/17　　　　　　　　10

● **後續行情追蹤**

　　圖表 2-23.3 中方框範圍，是這次空單交易的操作範圍。指數於「空單退場信號」出現後，行情開始止跌、反彈並進入一段整理週期（盤底）。

　　此時評估一下這段行情：指數從 11135 跌至 9326，下跌 1800點以上。既然跌幅已深，隨時可能出現行情反轉的情形。因此，若出現「空單退場信號」，代表當前的跌勢將暫停或結束，並醞釀行情轉向。可在「空單退場信號」出現時退場，確保最佳績效。

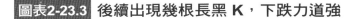

圖表2-23.3　後續出現幾根長黑 K，下跌力道強

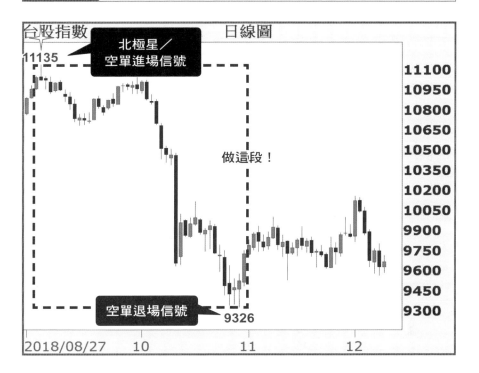

　　行情自從空單退場信號出現後，指數果然開始止跌反彈，反彈期間最高來到 10200 附近。從「空單退場信號」低點 9326 起算，反彈上漲將近 900 點，漲幅不小。若能在空單退場信號出現時，調整手上空單，就能確保最佳獲利。

　　補充說明：範例十二當中，於空單進場後不久即出現「疑似空單退場信號」。怎麼辦？

　　跌勢中當「疑似」空單退場信號出現時，皆可作為多口數持有

者的分批賣出時機、短線停利時機。

不過,空單才進場不久,也可依空單進場信號黑 K 高 11135 為空單防守,只要未漲過防守價,後勢仍看跌。總之你可以:

(1)短線操作:

見此情形,可將空單停利出場,收回短線獲利。

(2)波段操作:

設 11135 為「空單防守價」,在漲過此價前,將空單續抱,繼續參與後續行情。

圖表2-23.4 跌勢中,當「疑似」空單退場信號出現

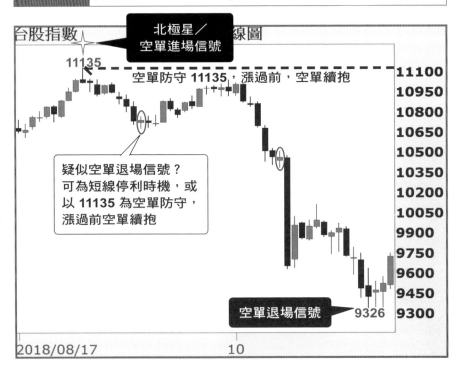

台股指數　　　　　　北極星/　　　　線圖
空單進場信號

11135　　　　空單防守 11135,漲過前,空單續抱　　11100
　　　　　　　　　　　　　　　　　　　　　　10950
　　　　　　　　　　　　　　　　　　　　　　10800
　　　　　　　　　　　　　　　　　　　　　　10650
疑似空單退場信號?　　　　　　　　　　　　10500
可為短線停利時機,或　　　　　　　　　　　10350
以 11135 為空單防守,　　　　　　　　　　　10200
漲過前空單續抱　　　　　　　　　　　　　　10050
　　　　　　　　　　　　　　　　　　　　　　9900
　　　　　　　　　　　　　　　　　　　　　　9750
　　　　　　　　　　　　空單退場信號　9326　9600
　　　　　　　　　　　　　　　　　　　　　　9450
　　　　　　　　　　　　　　　　　　　　　　9300
2018/08/17　　　　　　10

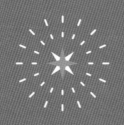

第三章

最適合初學者練習的
60 分鐘 K 線投資法

第一節

第一次買賣台指期，可從 60 分鐘 K 線練起

台指每天日盤時間是 8:45 到 13:45，總共有五個小時，在日盤部分每天可產出五根 60 分鐘 K 線（以下簡稱 60 分鐘 K）。又因為是每小時產出一根 K 線，也稱之為「小時線」。這個 K 線的時間頻率長短適中，相當適合不喜歡操作太短線或太極端，還有無法時時看盤的投資朋友。

相較於 60 分鐘 K，大家應該更熟悉日 K 線，因此，以下我列出兩者之間的差異，看看兩者之間有何不同：

1. 看盤時間不同：

以日 K 線（以下簡稱日 K）來操作台指期，可預設約每 1 到 3 天看盤一次；若以 60 分鐘 K 來操作，則可預設約每 3 到 5 個小時看盤一次。

2. 速度與波動大小不同：

日 K 圖中的每一根 K 代表當天日盤 5 小時內的漲跌結果，至於一小時內的漲跌結果，則可藉由 60 分鐘 K 來觀察。因此，60 分鐘 K 的漲跌速度通常比日 K 更快，其波動也更大。

3. 敏銳度表現、買賣信號出現次數的不同：

與日 K 相較，60 分鐘 K 出現買賣信號的次數會更多、更頻繁；當趨勢發動時，會先在 60 分鐘 K 上看見變化，然後才於日 K 中反映出來。換句話說，**60 分鐘 K 對於買賣信號的敏銳度表現優於日 K**，若你想「積極操作」台指期，選擇以 60 分鐘 K 會比日 K 更適合。另外，即使操作是以日 K 為主的投資朋友，依然可藉由 60 分鐘 K 上先出現的變化，來提早準備。

4. 每次行情維持時間不同：

每根日 K 震幅平均約有百點，相較之下，每根 60 分鐘 K 的平均震幅較小，因此當行情啟動後，以行情維持時間長度而言，通常日 K 會大於 60 分鐘 K。

5. 行情進行方式不同：

以平均值來說，使用日 K 來操作時，通常行情進行的速度較緩、較長；使用 60 分鐘 K 操作時，行情進行的速度則較快、較短。兩種 K 線具有不同的特色，投資朋友可依據自己個性，來決定操作頻率要以日 K 還是 60 分鐘 K 為主。

比方說，個性較溫和的投資朋友，可選擇以日 K 操作。另外，在學習初期想要加快鍛鍊盤感的人，可先以 60 分鐘 K 練習，因其買賣信號出現次數多、波動大。

上述大致將日 K 與 60 分鐘 K 區分出五大特色差異。你可在操作過程中，挖掘更多的不同之處。

你的投資頻率，適合你的個性嗎？

　　日 K 與 60 分鐘 K 所代表的時間頻率雖不同，但以北極星投資法則的操作方法均相同，且無論是在日 K 或是 60 分鐘 K 上，都能看見北極星。

　　若你現在使用的操作方法，總讓你等不到買賣信號；或是買賣信號太多，讓你不知如何操作。這說明那個方法不適合你——也許你喜歡時時買進賣出，卻選了要等一年半載的操作方法；或是你喜歡操作波段，卻選了一個過於極端的短線操作方式。

　　所以，趕快檢視你的投資頻率，適合你的個性嗎？

　　投資頻率要先與你合拍，才有可能創造持續不斷的獲利。

期貨抱波段的賺錢計畫

　　在 60 分鐘 K 範例詳解之前，本章範例九（見第172頁）會示範，當我不小心做到跨月大行情怎麼辦（空單進場後，到近月結算日，都還沒出現空單退場信號）。

　　期貨投資最常見的問題就是結算，投資人總會遇到每個月要結算與換倉的問題。通常我是這麼做的：

　　1. 單倉：只做一口時，可選擇的交易月分

　　若以 6 月結算（6/17）前為例，當前有 6、7、9、12、3 月等期貨可交易。若我預期有波段獲利機會時，可直接選擇 7 月的期貨，也就是透過下個月，或者是後兩個月的期貨來進行買賣，就可

去除換倉的問題。

你可以記下這個公式：N（本月分期貨），操作中、長線波段行情時，可選 N+1、N+2 或「N+……」來進行投資。

2. 雙倉：操作兩口以上時，資金配置方式

以常見的波段行情來說，我會將資金分成 A 與 B 部分，A 約佔總資金 30%、B 為 70%。A 主要做短線交易，B 則為預計操作波段。同樣以 6 月結算前進場，可選擇 6、7 與 8 月投資。也就是短線可買 N 或 N+1 的期貨，波段可買 N+2 的期貨。

若行情預計更為樂觀，就會選擇 N+2 期作短線，3、6、9、12 月季期貨作波段。

3. 新手入門，可以單倉為先，先試作一口

股市名言：「波段保護短線，短線擴大波段」。當同時持有短線與長線的期貨時，我總會用 N+1 的期貨來回買賣，賺取小額 30 到 50 點利潤，而 N+2 的期貨在低檔買進或高檔放空後，就鮮少更動。就算我短線有小額虧損，但有長線的利潤保護還是一樣賺錢。而短線買賣，又能增加長線持有的利潤，所以常持有雙倉。

可是這兩種投資心態與細節有諸多不同，一開始讀者還是以單倉交易為主，看是要選擇 N+1 或 N+2 的期貨交易。等到培養出更廣闊的視野，再開始使用雙倉的投資策略，就不會混亂。

第二節

60 分鐘 K 線操作詳解

範例一：行情經過盤整後，驚見北極星

圖表3-1.1	漲勢中出現北極星（空單進場信號），開始進場操作

空單進場信號：漲勢中於 11070 見高後收黑，形成黑 K 創新高，為空單進場信號。
空單退場信號：跌勢中以 10591 見低後收紅，形成紅 K 創新低，為空單退場信號。

● 步驟一：漲勢中，鎖定空單進場信號

漲勢中，以 11070 見高後收黑，形成黑 K 創新高，為北極星（空單進場信號）。當投資人見信號出現，空單即可進場，或先鎖定、暫時不動作，等跌勢確立後（指數跌破信號黑 K 的低點）空單才進場。

● 步驟二：有效控管風險

空單進場後，以信號黑 K 的高點 11070 為空單防守，只要指數不漲過空單防守價，那麼空單可續抱，直到退場信號出現為止。

● 步驟三：跌勢中，鎖定空單退場信號

當行情如期下跌，於跌勢中應持續鎖定「空單退場信號」並適時退場，以確保空單最佳獲利。圖表 3-1.1 中，行情如期下跌、跌勢以 10591 見低後收紅，形成紅 K 創新低，為空單退場信號。

見信號出現，可開始將手上空單退出，或先鎖定、暫時不動作，待指數漲過信號紅 K 的高點再退場。

● 操作示範，補充教學

圖表 3-1.2 中有兩道虛線：上方虛線為空單進場信號、黑 K 的低點，一旦跌破，代表跌勢確立、後續易銜接一段跌勢，我們可選在「空單進場信號」出現時，或等跌勢確立時將空單進場。另外，紅色虛線為空單退場信號、紅 K 的高點，此線一旦突破，為預告跌勢暫停（或結束），或是漲勢確立，這時我們就得將空單退場，了結獲利。

| 圖表3-1.2 | 請依照信號指示操作，準時進場與退場，可保最佳獲利 |

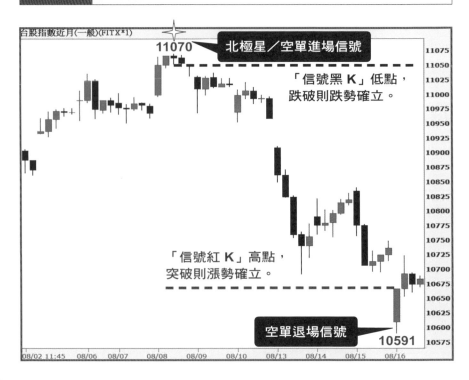

計算這筆空單的獲利機會：

自「空單進場信號」黑 K 的高點 11070 至「空單退場信號」信號」紅 K 的低點 10591，合計有 479 點的空單獲利空間。而圖中兩道虛線之間，是這筆空單的保守獲利範圍。

● **後續行情追蹤**

從下頁圖表 3-1.3 中可見，於空單退場信號出現後，原先的跌

圖表3-1.3	依照退場信號指示操作，避免獲利回吐，確保最佳獲利

勢開始止跌，趨勢轉彎、由跌轉漲，且後續漲幅一路漲到 11135 休息，甚至已漲過空單進場信號的位置。

如果手上空單沒有在空單退場信號出現時即退場，獲利就會折損。換句話說，只要能在信號出現之初，就調整手上空單，便可確保最佳獲利。

※補充說明：範例一中，於空單進場後不久，即出現「疑似空

單退場信號」，我們可以這樣處理：

於下跌過程中，當「疑似空單退場信號」出現時，皆可作為多口數持有者的分批賣出時機、短線停利時機。

不過，在這範例裡面，由於空單才剛進場不久，也可依空單進場信號黑 K 高 11070 為空單防守，只要此價不漲過，後勢仍看跌。換句話說，面臨此狀況，你有兩個選擇：

1. 短線操作：見此情形，可將空單停利出場，收回短線獲利。

2. 波段操作：以 11070 為「空單防守」觀察，在漲過此價前，將空單續抱，繼續參與後續行情。

範例二：低檔見長紅，空單不留戀，適時退場可保最佳獲利

圖表3-2.1	漲勢中出現北極星（空單進場信號），開始進場操作

空單進場信號：漲勢中於 10567 見高後收黑，形成黑 K 創新高，為空單進場信號。

空單退場信號：跌勢中以 10225 見低後收紅，形成紅 K 創新低，為空單退場信號。

● 步驟一：漲勢中，鎖定空單進場信號

指數於漲勢中，以 10567 見高後收黑，形成黑 K 創新高，為北極星法則中的空單進場信號。見信號出現，可先試單（少量）放空，或先鎖定但不動作，等跌勢確立（待指數跌破信號黑 K 低）

後，空單才進場。

● 步驟二：有效控管風險

　　空單進場後，以信號黑 K 的高點 10567 為空單防守，只要指數不漲過空單防守價，那麼空單可續抱，且關注退場信號。

● 步驟三：跌勢中，鎖定空單退場信號

　　當行情如期下跌，於跌勢中鎖定空單進場信號。圖表 3-2.1 中右下角處，指數於跌勢中以 10225 見低後收紅，形成紅 K 創新低，為空單退場信號。見信號出現，可將手上空單退場，或先鎖定但不動作，待指數漲過信號——紅 K 的高點時再退場。

● 操作示範，補充教學

　　圖表 3-2.2 中標示有兩道虛線：上方虛線為空單進場信號——黑 K 的低點。一旦指數跌破信號黑 K 低點，代表跌勢確立，後續易衝接跌勢。可選在空單進場信號出現，或跌勢確立時將空單進場。

　　另外，下方虛線為空單退場信號——紅 K 的高點，一旦指數突破信號紅 K 高點，預告跌勢暫停（結束），或漲勢確立。可選在空單退場信號出現或漲勢確立時，將空單賣出，取回獲利。

　　計算這筆空單的獲利機會：

　　計算自空單進場信號、黑 K 的高點 10567，到空單退場信號、紅 K 的低點 10225，合計有 342 點的空單獲利空間；而圖中兩道虛線之間約為 10500 到 10325，是這筆空單的保守獲利範圍。

| 圖表3-2.2 | 操作時，依照信號指示操作，準時進場與退場，可保最佳獲利 |

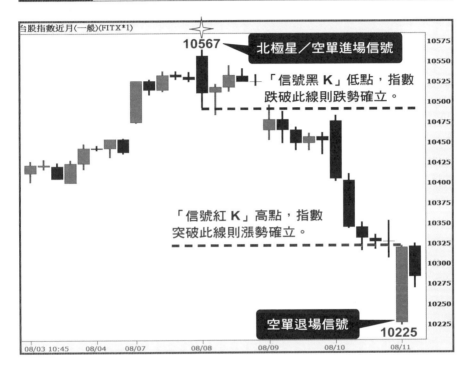

● **後續行情追蹤**

下頁圖表 3-2.3 中黑色虛線方框範圍內，是這次空單的交易範圍。

從圖中可見，於空單退場信號紅 K 低 10225 出現後，行情開始止跌。止跌後，雖然指數沒有馬上轉漲，但日後的漲勢已開始醞釀；而後續漲幅甚至超越空單進場信號的位置。因此，若能在空單退場信號出現時，調整手上空單，就可持盈保泰、避免獲利減損，確保最佳獲利。

圖表3-2.3　依照退場信號指示操作，避免獲利回吐，確保最佳獲利

※補充：低檔見長紅，為強力止跌信號。

範例二中形成空單退場信號的紅 K，為這段跌勢中低檔長紅，而**低檔長紅常為強力止跌信號**，因此投資人放空時若見低檔長紅，可即時退場。

範例三：當北極星以十字黑 K 出現，搭配後續 K 線觀察

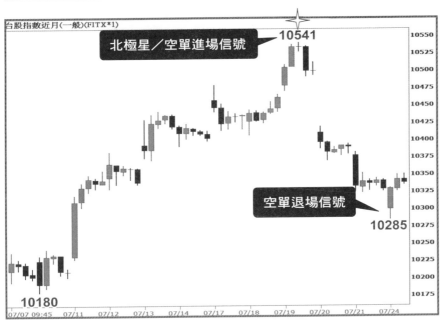

圖表3-3.1 漲勢中出現北極星（空單進場信號），開始進場操作

空單進場信號：漲勢中於 10541 見高後收黑，形成黑 K 創新高，為空單進場信號。
空單退場信號：跌勢中以 10285 見低後收紅，形成紅 K 創新低，為空單退場信號。

● **步驟一：漲勢中，鎖定空單進場信號**

　　漲勢中，以 10541 見高後收黑，形成黑 K 創新高，為北極星法則中的空單進場信號。見信號出現，空單可進場，或等跌勢確立後（指數跌破信號黑 K 低）才進場。

● **步驟二：有效控管風險**

　　空單進場後，以信號黑 K 的高點 10541 為空單防守，只要指數不漲過空單防守價，即可續抱空單，直到退場信號出現為止。

● **步驟三：跌勢中，鎖定空單退場信號**

　　當行情如期下跌，於跌勢中應鎖定空單退場信號，以確保空單最佳獲利。圖表 3-3.1 中，行情如期下跌、跌勢以 10285 見低後收紅，形成紅 K 創新低，為空單退場信號。見信號出現，可將手上空單賣出，或先鎖定但暫不動作，待指數漲過信號紅 K 高時再退場。

● **操作示範，補充教學**

　　圖表 3-3.2 中標示有兩道虛線：上方虛線為空單進場信號——黑 K 的低點。一旦指數跌破此線，代表跌勢確立，後續易銜接一段跌勢。可選在空單進場信號出現，或跌勢確立時將空單進場。

　　另外紅色虛線為空單退場信號——紅 K 的高點，一旦指數突破信號紅 K 高點，為漲勢確立，預告跌勢暫停或結束。我們可選在空單退場信號出現、或漲勢確立時，將空單退出、取回獲利。

　　計算這筆空單的獲利機會：

　　計算自空單進場信號的黑 K 高 10541 至空單退場信號、紅 K 的低點 10285，合計有 256 點的空單獲利空間；而圖中兩道虛線之間約為 10525 到 10325，是這筆空單的保守獲利範圍。

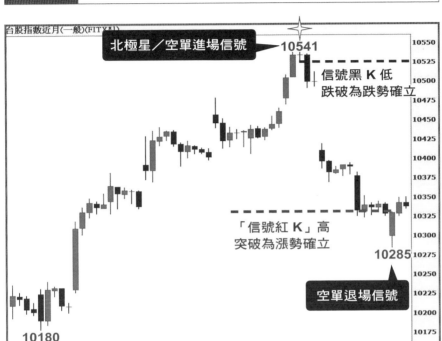

圖表3-3.2 依照進信號指示操作，準時進場也準時退場

● **後續行情追蹤**

下頁圖表 3-3.3 中黑色虛線方框範圍內，是這次空單的交易範圍。於空單退場信號 10285 低點出現後，原先的跌勢止跌、轉漲，而這波漲勢一路漲過 10450 才休息，漲幅高達 165 點。

此時，手上空單若未在最佳時機適時退場，就會蒙受獲利損失。換句話說，若在空單退場信號出現時，調整手上空單，就能避開這 165 點的獲利回吐，保有最佳獲利。

圖表3-3.3　依照退場信號指示操作，避免獲利回吐，確保最佳獲利

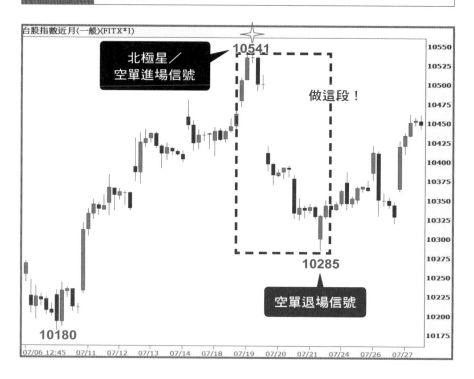

※特別說明：遇上「猶豫線型」時，可搭配後續 K 線觀察。

　　圖表 3-3.4 中「空單進場信號」為十字黑 K，這在 **K 線型態中有猶豫的傾向**，有空方力量還不夠強的警示（跌勢尚未確立）。此時，可連同後續的 K 線觀察，若後續行情續跌且跌破十字黑 K 的低點，那麼跌勢就確立了，可將空單進場。

圖表3-3.4 北極星以十字黑 K 出現，可搭配後續 K 線觀察

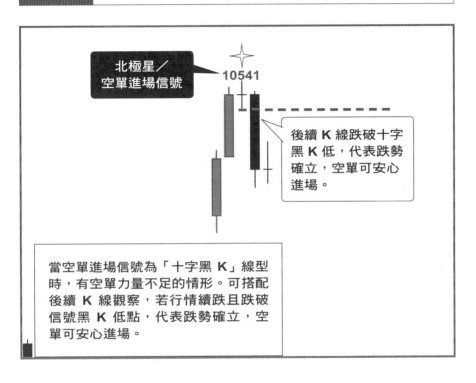

北極星／
空單進場信號

10541

後續 K 線跌破十字
黑 K 低，代表跌勢
確立，空單可安心
進場。

當空單進場信號為「十字黑 K」線型
時，有空單力量不足的情形。可搭配
後續 K 線觀察，若行情續跌且跌破
信號黑 K 低點，代表跌勢確立，空
單可安心進場。

範例四：漲勢一連三根長紅Ｋ，仍不敵北極星的下跌力道

圖表3-4.1 漲勢中出現北極星（空單進場信號），開始進場操作

空單進場信號：漲勢中於 10412 見高後收黑，形成黑 K 創新高，為空單進場信號。
空單退場信號：跌勢中以 10196 見低後收紅，形成紅 K 創新低，為空單退場信號。

● **步驟一：漲勢中，鎖定空單進場信號**

漲勢中，以 10412 見高後收黑，形成黑 K 創新高，為北極星法則中的空單進場信號。見信號出現，空單可開始進場，或等指數跌破信號黑 K 低，空單才進場。

● 步驟二：有效控管風險

空單進場後，以信號黑 K 高 10412 為防守價，只要指數不漲過 10412，那麼空單就可安心續抱，直到退場信號出現為止。

● 步驟三：跌勢中，鎖定空單退場信號

當行情如期下跌，於跌勢中應鎖定「空單退場信號」，並在適當時機退場，以確保空單最佳獲利。圖表 3-4.1 中，行情如期下跌並於跌勢中以 10196 收紅，形成紅 K 創新低，為空單退場信號。見信號出現，可將手上空單即時退出，或先鎖定、暫不動作，待指數漲過信號紅 K 的高點時再退場。

● 操作示範，補充教學

下頁圖表 3-4.2 中標示有兩道虛線：上方虛線，為空單進場信號、黑 K 的低點。信號黑 K 低點一旦跌破，代表跌勢確立，後續易銜接一段跌勢。可選在空單進場信號出現時，或跌勢確立時將空單進場。

另外，下方虛線為視為空單退場信號、紅 K 的高點，一旦指數突破信號紅 K 高點，預告跌勢暫停或結束。可選在空單退場信號出現時，或漲勢確立時，將空單退出、取回獲利。

計算這筆空單的獲利機會：

計算自空單進場信號的黑 K 高 10412 至空單退場信號的紅 K 低 10196，合計共有 216 點的空單獲利空間；而圖中兩道虛線之間，是這筆空單交易的保守獲利範圍。

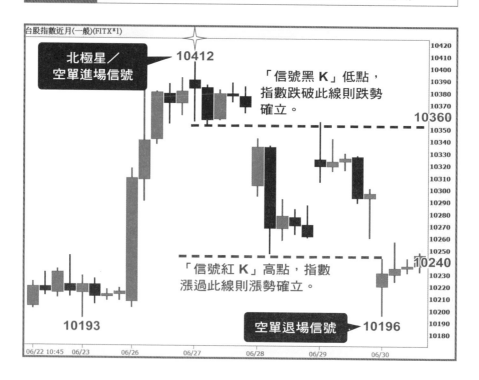

圖表3-4.2 依照進信號指示操作，準時進場也準時退場

台股指數近月(一般)(FITX*1)

北極星／
空單進場信號

10412

「信號黑K」低點，
指數跌破此線則跌勢
確立。

10360

「信號紅K」高點，指數
漲過此線則漲勢確立。

10193

空單退場信號 ◄ 10196

● **後續行情追蹤**

　　圖表 3-4.3 中黑色虛線方框範圍內，是這次空單的交易範圍。
圖中可見，於空單退場信號出現後，原先的跌勢開始止跌、盤底，
為醞釀後續漲勢而準備。

　　而當指數翻漲後，後續指數一路漲到 10442 才休息。從空單退
場信號低點 10196 起算，漲幅有 246 點之多，且已經超越空單進場
信號的位置，此時若仍持有空單，其獲利就會折損。

　　換句話說，若在空單退場信號出現時、即調整手上空單，就能

| 圖表3-4.3 | 依照退場信號指示操作，避免獲利回吐，確保最佳獲利 |

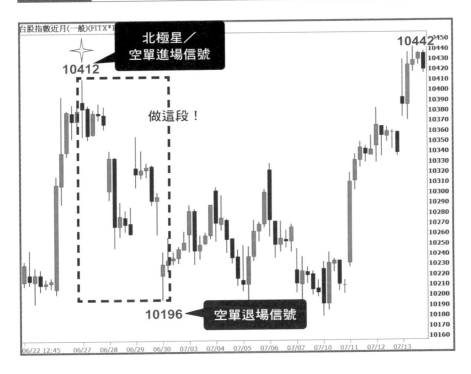

避開這 246 點的獲利回吐，確保最佳獲利！

　　※補充：範例四中，在空單退場信號出現後，後續雖再創新低，但每當指數創新低後，都會出現中、長紅 K 來嚇阻跌勢，顯示低檔支撐力轉強，使跌勢受阻，因此應確實留意行情止跌轉漲的機會。

　　見圖表 3-4.4，當行情在止跌後開始盤底，此為醞釀後續漲勢而準備。看到這樣的情形，可將「盤底區」找出來，後續行情將在

圖表3-4.4 盤底區示意圖

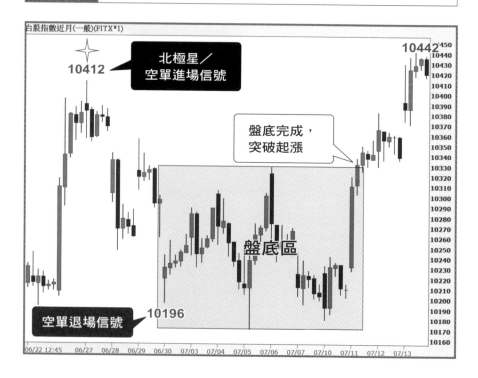

突破盤底區後正式起漲。

　　圖中可見，指數在空單退場信號後，開始盤底（圖中紅框範圍內），後於突破盤底區後正式起漲。

範例五：高檔區出現北極星，接續連三黑，預告行情轉向機率超高

圖表3-5.1	漲勢中出現北極星（空單進場信號），開始進場操作

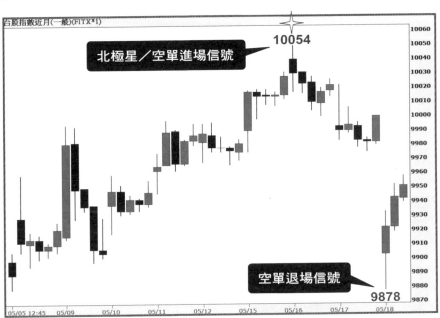

空單進場信號：漲勢中於 10054 見高後收黑，形成黑 K 創新高，為空單進場信號。
空單退場信號：跌勢中以 9878 見低後收紅，形成紅 K 創新低，為空單退場信號。

● **步驟一：漲勢中，鎖定空單進場信號**

　　漲勢中，以 10054 見高後收黑，形成黑 K 創新高，此為空單進場信號。見信號出現，空單可進場，或先鎖定但暫時不動作，等跌勢確立後（指數跌破信號黑 K 低），再將空單進場。

● **步驟二：有效控管風險**

　　空單進場後，以信號黑 K 高 10054 為空單防守，只要指數不漲過 10054，那麼空單可續抱，直到退場信號出現為止。

● **步驟三：跌勢中，鎖定空單退場信號**

　　當行情如期下跌，於跌勢中應鎖定空單退場信號並適時退場。圖表 3-5.1 中，行情如期下跌並於跌勢中以 9878 收紅，形成紅 K 創新低，為空單退場信號。見信號出現，可開始將手上空單退出，或先鎖定但暫不動作，待指數漲過信號紅 K 高時再退場。

● **操作示範，補充教學**

　　圖表 3-5.2 中標示有兩道虛線：上方虛線為空單進場信號——黑 K 的低點。一旦指數跌破信號黑 K 低點，代表跌勢確立，後續易銜接一段跌勢。我們可選在空單進場信號出現時，或跌勢確立時，將空單進場。

　　另外，圖中下方虛線為「空單退場信號」紅 K 的高點，一旦突破，為「漲勢確立」，預告跌勢暫停或結束。我們可選在空單退場信號出現時，或漲勢確立時，將空單退出，取回獲利。

　　計算這筆空單的獲利機會：

　　計算自空單進場信號——黑 K 高 10054 至空單退場信號的紅 K 低 9878，合計有 176 點的空單獲利空間；而圖中兩道虛線之間，是這筆空單交易的保守獲利範圍。

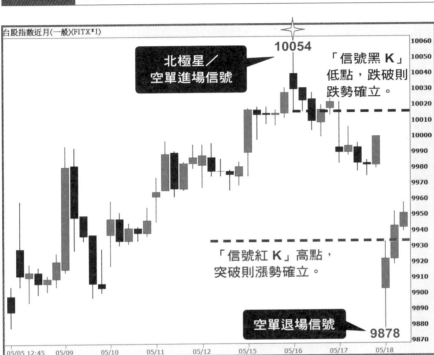

圖表3-5.2　請依照進信號指示操作，準時進場也準時退場

台股指數近月(一般)(FITX*1)

北極星／
空單進場信號

10054

「信號黑 K」
低點，跌破則
跌勢確立。

「信號紅 K」高點，
突破則漲勢確立。

空單退場信號

9878

05/05 12:45　05/09　05/10　05/11　05/12　05/15　05/16　05/17　05/18

● **後續行情追蹤**

　　下頁圖表 3-5.3 中虛線方框範圍內，是這次空單交易的操作範圍。從圖中可見，在空單退場信號出現之後，原先的跌勢開始止跌轉漲，且後續漲幅不小，一路漲到 10131 才休息。

　　從空單退場信號低點 9878 起算，漲幅有 250 點以上、已超越前面跌幅，且超越空單進場信號位置。此時空單若仍在手上，就會面臨獲利回吐、轉盈為虧的情形。只要能在空單退場信號出現時，調整手上空單，就能確保最佳獲利。

圖表3-5.3	依照退場信號指示操作，避免獲利回吐，確保最佳獲利

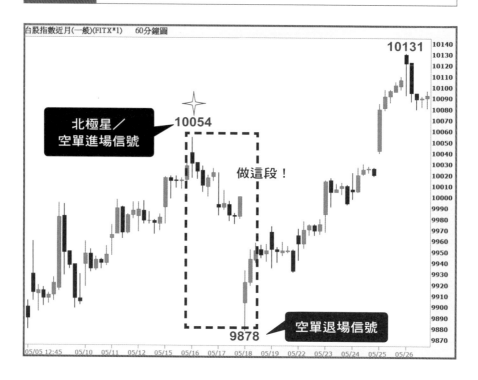

※補充：空單退出之後，是否能換邊操作（作多）？

空單退場信號顧名思義，是因為後勢看漲，所以要將原先持有的空單退出，以保有最佳獲利。

那麼，既然後勢看漲，我們可以在空單退出後反向作多（按：賺漲勢中之價差）嗎？

當然可以，「空單退場信號」反過來看，其實就是「多單進場信號」，於空單退場後，確實可反向作多。同理，在多單進場後，可將原先的北極星解讀為「多單退場信號」。

● 空單退場信號 → 多單進場信號
● 空單進場信號 → 多單退場信號

空單退場時刻，成就多單進場時機；空單進場時機，成就多單退場時機。這有點像繞口令，請大家仔細體會。

圖表3-5.4 多、空進出信號，可反向運用

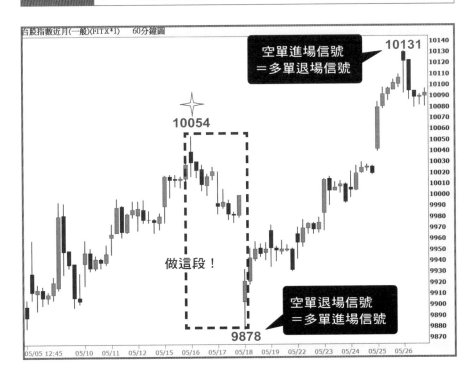

在反向操作中，可將空單退場信號視為「多單進場信號」。同理，在多單進場後，可將空單進場信號當成「多單退場信號」。

範例六：漲勢中，見長黑 K 又是北極星，下跌力道轉強

圖表3-6.1　漲勢中出現北極星（空單進場信號），開始進場操作

台股指數近月(一般)(FITX*1)　60分鐘圖

9903　北極星／空單進場信號

空單退場信號　9624

空單進場信號：漲勢中於 9903 見高後收黑，形成黑 K 創新高，為空單進場信號。
空單退場信號：跌勢中以 9624 見低後收紅，形成紅 K 創新低，為空單退場信號。

● **步驟一：漲勢中，鎖定空單進場信號**

　　漲勢中，以 9903 見高後收黑，形成黑 K 創新高，為北極星法則中的「空單進場信號」。見信號出現，空單可開始進場，或先鎖定但暫時不動作，等指數跌破信號、黑 K 的低點後，空單進場。

● **步驟二：有效控管風險**

空單進場後，以信號黑 K 的高點 9903 為空單防守，只要指數不漲過 9903，空單可安心續抱，直到退場信號出現為止。

● **步驟三：跌勢中，鎖定空單退場信號**

當行情如期下跌，於跌勢中鎖定空單退場信號，並適時退場，以確保最佳獲利。圖表 3-6.1 中，行情如期下跌並於跌勢中以 9624 收紅，形成紅 K 創新低，為空單退場信號。見信號出現，可將手上空單退出，或先鎖定但暫不動作，待指數漲過信號紅 K 的高點時再退場。

● **操作示範，補充教學**

圖表 3-6.2 中標示有兩道虛線：上方虛線為空單進場信號──黑 K 的低點。一旦指數跌破信號黑 K 低點，代表跌勢確立，後續易銜接跌勢。我們可選在「空單進場信號」出現時，或「跌勢確立」時，將空單進場。

另外，圖中下方虛線為空單退場信號──紅 K 的高點，一旦指數突破此線，為預告跌勢暫停（或結束）或漲勢確立，可選在「空單退場信號」出現時，或「漲勢確立」時，將空單退出，取回獲利。

計算這筆空單的獲利機會：

自空單進場信號的黑 K 高 9903 至空單退場信號的紅 K 低 9624，共有 279 點的空單獲利空間；而圖中兩道虛線之間，指數約

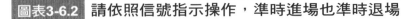

圖表3-6.2 請依照信號指示操作，準時進場也準時退場

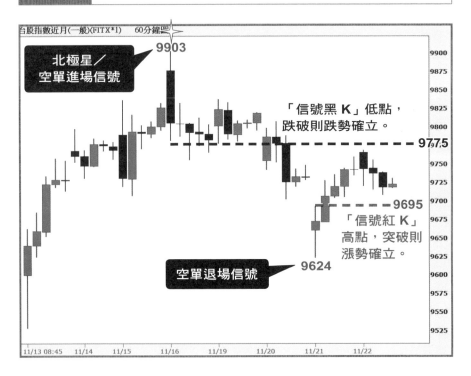

為 9775 到 9695，是這筆空單交易的保守獲利範圍。

● **後續行情追蹤**

下頁圖表 3-6.3 中方框範圍內，為這次空單交易的操作範圍。從圖中可見，於「空單退場信號」出現後，原先的跌勢止跌、轉漲，一路漲到 9775 附近才休息。從空單退場信號低點 9624 起算，漲幅有 150 點以上。

若此時空單仍在手上，就會面臨獲利回吐。幸好，只要能在

「空單退場信號」出現時，調整手上空單，就能確保最佳獲利！

圖表3-6.3 依照退場信號指示操作，避免獲利回吐，確保最佳獲利

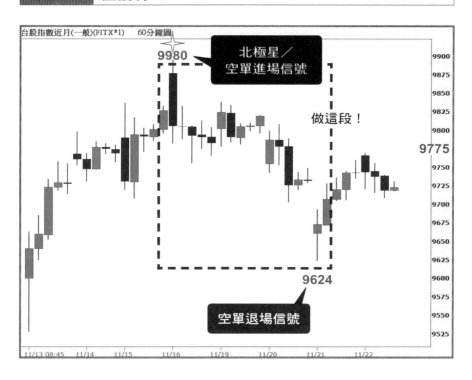

範例七：行情跳空開高後，出現北極星，預告行情轉向

圖表3-7.1	漲勢中出現北極星（空單進場信號），開始進場操作

空單進場信號：漲勢中於 10000 見高後收黑，形成黑 K 創新高，為空單進場信號。

空單退場信號：跌勢中以 9528 見低後收紅，形成紅 K 創新低，為空單退場信號。

● 步驟一：漲勢中，鎖定空單進場信號

漲勢中，以 10000 見高後收黑，形成黑 K 創新高，即空單進場信號。見信號出現，可將空單進場，或等指數跌破信號、黑 K 的低點後空單才進場。

● 步驟二：有效控管風險

空單進場後，以信號黑 K 高 10000 為空單防守，只要指數不漲過 10000，空單可安心續抱，直到退場信號出現為止。

● 步驟三：跌勢中，鎖定空單退場信號

當行情如期下跌，於跌勢中應持續鎖定空單退場信號，並即時退場，以確保空單最佳獲利。圖表 3-7.1 中，行情如期下跌並於跌勢中以 9528 收紅，形成紅 K 創新低，即可將手上空單退出，或先鎖定但暫不動作，待指數漲過信號紅 K 高時再退場。

● 操作示範，補充教學

圖表 3-7.2 中標示有兩道虛線：上方虛線，為空單進場信號──黑 K 的低點。此線一旦跌破，代表跌勢確立，後續易銜接跌勢，此時可將空單進場。另外，紅色虛線為空單退場信號──紅 K 的高點，信號紅 K 高一旦突破，為預告跌勢暫停（或結束）或是漲勢確立，此時應將空單退場，回收獲利。

計算這筆空單的獲利機會：

自空單進場信號──黑 K 高 10000 至空單退場信號、紅 K 的低點 9528，有將近五百點的空單獲利空間；而圖中兩道虛線之間的範圍（9925 到 9650），是這筆空單交易的保守獲利空間。

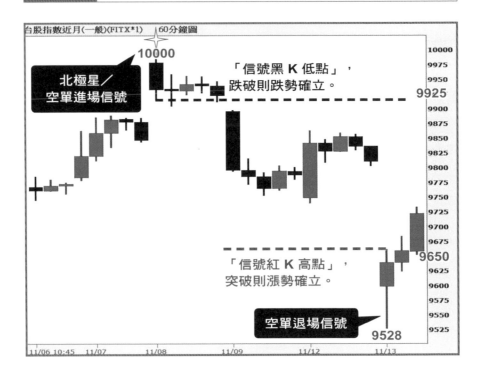

圖表3-7.2 依照信號指示操作，準時進場也準時退場

台股指數近月(一般)(FITX*1) 60分鐘圖

- 北極星／空單進場信號
- 10000
- 「信號黑K低點」，跌破則跌勢確立。
- 「信號紅K高點」，突破則漲勢確立。
- 空單退場信號
- 9528

11/06 10:45　11/07　11/08　11/09　11/12　11/13

● 後續行情追蹤

下頁圖表 3-7.3 中虛線方框範圍內，為這次空單交易的操作範圍。從圖中可見，空單退場信號一出現，原先的跌勢開始止跌、轉強，醞釀出後續漲勢。

而後續漲幅不小，一路漲到 9900 才休息。從空單退場信號 9528 起算，漲幅有 370 點以上，已威脅到獲利。若能在空單退場信號出現時，即調整手上空單，就能保有最佳獲利。

圖表3-7.3	依照退場信號指示操作，避免獲利回吐，確保最佳獲利

範例八：行情跳空開高後，出現北極星，預告將由漲轉跌

圖表3-8.1 一連串漲勢中出現黑 K 創新高，空單進場

台股指數近月（一般）(FITX*1)　　60分鐘圖

11135　北極星／空單進場信號

空單退場信號　10682

08/24 08:45　08/31　09/04　09/07　09/11

11150
11100
11050
11000
10950
10900
10850
10800
10750
10700
10650

空單進場信號：漲勢中於 11135 見高後收黑，形成黑 K 創新高，為空單進場信號。
空單退場信號：跌勢中以 10682 見低後收紅，形成紅 K 創新低，為空單退場信號。

● **步驟一：漲勢中，鎖定空單進場信號**

此段行情的漲勢以 11135 見高後收黑，形成黑 K 創新高，為空單進場信號。見信號出現，可將空單進場，或先鎖定、暫時不動作，等跌勢確立後（指數跌破信號黑 K 低）空單才進場。

● **步驟二：有效控管風險**

　　空單進場後，以信號黑 K 高 11135 為空單防守，只要指數不漲過 11135，空單可續抱，直到退場信號出現為止。

● **步驟三：跌勢中，鎖定空單退場信號**

　　當行情如期下跌，於跌勢中應持續鎖定空單退場信號並即時退場，以確保空單最佳獲利。圖表 3-8.1 中，行情如期下跌並於跌勢中以 10682 收紅，形成紅 K 創新低，為空單退場信號。見信號出現，可將手上空單即時退出，或等待指數漲過信號紅 K 高時再退場。

● **操作示範，補充教學**

　　圖表 3-8.2 中標示有兩道虛線：上方虛線，為「空單進場信號」黑 K 的低點。信號黑 K 低點一旦跌破，代表跌勢確立，後續易銜接一段跌勢，此時可將空單進場。

　　另外，下方虛線為代表空單退場信號的紅 K 高，一旦指數突破信號、紅 K 的高點，代表跌勢暫停（或結束），或是漲勢確立，須將空單退場，回收獲利。

　　計算這筆空單的獲利機會：

　　自空單進場信號的黑 K 高 11135 至空單退場信號紅 K 低點 10682，共有 450 點以上的空單獲利空間；而圖中兩道虛線之間約為 11050 到 10750，是這筆空單交易的保守獲利範圍。

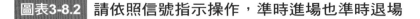

圖表3-8.2 請依照信號指示操作，準時進場也準時退場

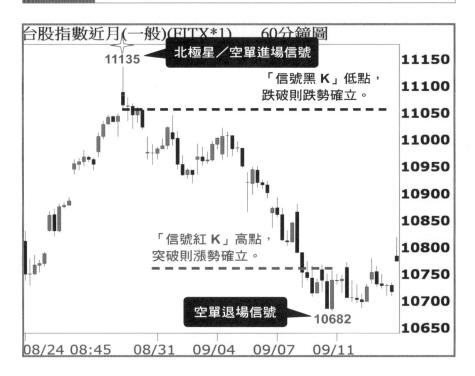

● 後續行情追蹤

　　圖表 3-8.3 中方框範圍內，為這次空單交易的操作範圍。從圖中可見，北極星出現後，行情開始止跌、盤底、轉漲。而後續漲幅不小，一路漲到 10900 附近才休息；從「空單退場信號」紅 K 的低點 10682 起算，漲幅有 218 點。換句話說，若能空單退場信號一出現時，就調整手上空單，就能確保最佳獲利。

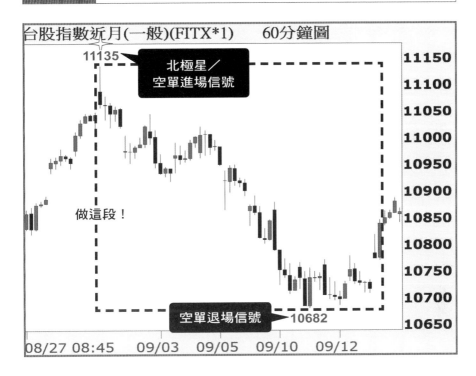

| 圖表3-8.3 | 依照退場信號指示操作，避免獲利回吐，確保最佳獲利 |

※補充：空單退場信號出現後，行情「盤底」

下頁圖表 3-8.4 中，指數在 10682 見低後收紅，形成空單退場信號，且在信號出現之後，行情開始止跌、盤底。

盤底，是行情翻轉（漲）前的預備動作。見行情盤底之際，可將盤底範圍找出來（紅色方框），一旦指數向上脫離（突破）盤底範圍，代表盤底完成，行情將要起漲。

※補充說明：範例八中，行情維持時間不短，期間不乏「疑似

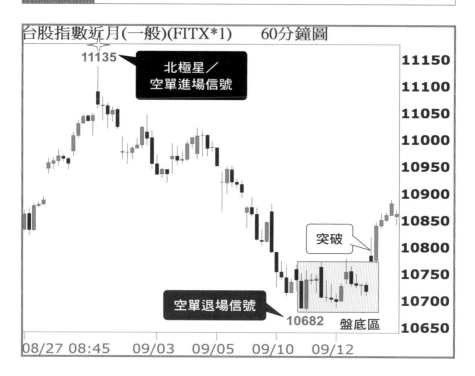

圖表3-8.4 空單退場信號出現，行情開始止跌、盤底與轉強

台股指數近月(一般)(FITX*1)　　60分鐘圖

北極星／
空單進場信號

突破

空單退場信號

10682　盤底區

08/27 08:45　09/03　09/05　09/10　09/12

空單退場信號」出現（如圖表 3-8.5 中紅色圈示處）。

在這些「疑似」信號出現時，除了可作為短線停利時機、減碼或分批賣出時機之外，也可依行情起伏的程度來決定退場或續抱：

1. 若距離空單防守價 11135 距離不遠（如圖表 3-8.5 中左側 2 處紅色圈示處），可在突破前將空單續抱、繼續參與後續行情。

2. 若距離空單防守價 11135 距離較遠（如圖中右側紅色圈示處），則可搭配後續 K 線觀察「漲勢確立」成立與否，若未，則可將空單續抱並繼續參與行情，直到下一個退場信號出現為止。

圖表3-8.5 跌勢中當「疑似空單退場信號」出現

北極星／空單進場信號

11135

空單退場信號

10682

範例九：漲後高檔區出現長黑 K，且為北極星，預告大跌

圖表3-9.1 漲勢中出現黑 K 創新高，且為長黑 K，空單進場

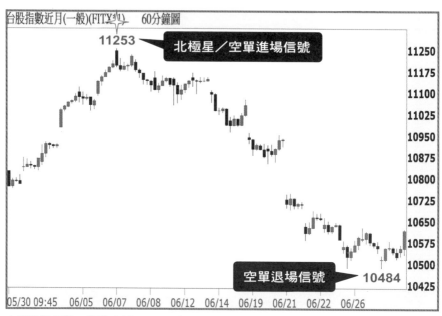

空單進場信號：漲勢中於 11253 高後收黑，形成黑 K 創新高，為空單進場信號。
空單退場信號：跌勢中以 10484 見低後收紅，形成紅 K 創新低，為空單退場信號。

● 步驟一：漲勢中，鎖定空單進場信號

　　漲勢中，以 11253 見高後收黑，形成黑 K 創新高，為北極星法則中的空單進場信號。見信號出現，空單可進場，或等指數跌破信號黑 K 低，空單才進場。

● **步驟二：有效控管風險**

空單進場後，以信號黑 K 高 11253 為空單防守，只要指數不漲過 11253，空單就可續抱，直到退場信號出現為止。

● **步驟三：跌勢中，鎖定空單退場信號**

當行情如期下跌，於跌勢中應鎖定空單退場信號、及時退場，以確保最佳獲利。如範例中，行情如期下跌並於跌勢中以 10484 收紅，形成紅 K 創新低、為空單退場信號，可開始將手上空單退出，或先鎖定但暫不動作，待指數漲過信號紅 K 高再退場。

● **操作示範，補充教學**

圖表 3-9.2 中標示有兩道虛線：上方虛線，為空單進場信號——黑 K 的低點。信號黑 K 低點一旦跌破，代表跌勢確立，後續易銜接一段跌勢，可將空單進場。

另外，圖中下方虛線為空單退場信號的紅 K 高點，一旦指數突破信號紅 K 高點，為預告跌勢暫停（或結束）或漲勢確立，你應將空單退場，收回獲利。

計算這筆空單的獲利機會：

自空單進場信號黑 K 高 11253 至空單退場信號的紅 K 低 10484，合計將近八百點的空單獲利空間；而圖中兩道虛線之間約為 11175 到 10550，是這筆空單交易的保守獲利範圍。

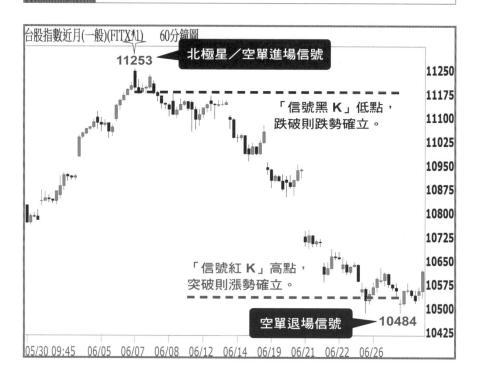

圖表3-9.2　請依照進信號指示操作，準時進場也準時退場

台股指數近月(一般)(FITX近) 60分鐘圖

北極星／空單進場信號

11253

「信號黑K」低點，
跌破則跌勢確立。

「信號紅K」高點，
突破則漲勢確立。

空單退場信號　10484

05/30 09:45　06/05　06/07　06/08　06/12　06/14　06/19　06/21　06/22　06/26

● **後續行情追蹤**

　　下頁圖表 3-9.3 中方框範圍內，為這次空單交易的操作範圍。
當空單退場信號一出現，行情便開始止跌、盤底，**後續雖又見續跌
破底，但跌勢不大且迅速翻轉漲。**

　　而後續漲幅不小，一路漲到 11025 才休息。從空單退場信號、
紅 K 的低點 10484 起算，漲幅高達 540 點以上，已威脅到原先的
空單獲利情形。若能在空單退場信號出現時**即調整手上空單**，就能
保有這筆空單的最佳獲利。

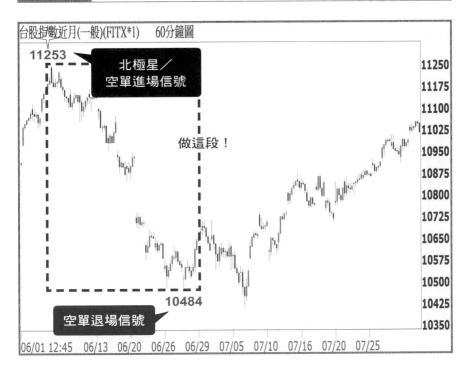

圖表3-9.3 依照退場信號指示操作，避免獲利回吐，確保最佳獲利

此範例九的操作期間，已超過 6 月結算日，因此就得轉倉（詳見第 189 頁）。

※補充說明：圖表 3-9.4 中，行情維持時間不算短，期間不乏「疑似空單退場信號」出現。在這些「疑似」信號出現時，可作為短線停利時機、減碼或分批賣出時機之外，或可參考行情進行程度，決定出場或續抱：

　　1. 若距離空單防守價 11253 不遠（如圖中左側紅色圈示處），可在突破前將空單續抱、繼續參與後續行情。

　　2. 若距離空單防守價 11253 距離較遠（如圖中右側紅色圈示處），可搭配後續 K 線觀察「漲勢確立」與否，若未確立，可將空單續抱，直到下一個退場信號出現為止。

圖表3-9.4 當「疑似空單退場信號」出現

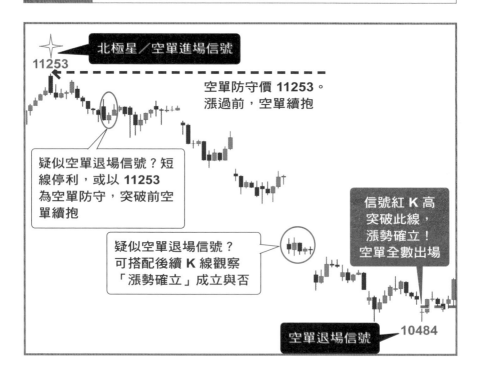

範例十：漲後行情陷入盤跌，北極星出現

圖表3-10.1 漲勢中出現北極星（空單進場信號），開始進場操作

空單進場信號：漲勢中於 11024 高後收黑，形成黑 K 創新高，為空單進場信號。
空單退場信號：跌勢中以 10468 見低後收紅，形成紅 K 創新低，為空單退場信號。

● 步驟一：漲勢中，鎖定空單進場信號

漲勢中，以 11024 見高後收黑，形成黑 K 創新高，為北極星法則中的空單進場信號。見信號出現，可開始放空，或先鎖定但暫時不動作，等跌勢確立後（指數跌破信號黑 K 低）空單才進場。

- ## 步驟二：有效控管風險

　　空單進場後，以信號黑 K 高 11024 為空單防守，只要指數不漲過 11024，那麼空單可續抱，直到退場信號出現為止。

- ## 步驟三：跌勢中，鎖定空單退場信號

　　當行情如期下跌，於跌勢中應鎖定空單退場信號。圖表 3-10.1 中，行情如期下跌並於跌勢中以 10468 收紅，形成紅 K 創新低，為「空單退場信號」。見信號出現，可開始將手上空單退出，或先鎖定但暫不動作，待指數漲過信號紅 K 高再退場。

- ## 操作示範，補充教學

　　圖表 3-10.2 中標示有兩道虛線：上方虛線為空單進場信號的黑 K 的低點。信號黑 K 低點一旦跌破，代表「跌勢確立」，後續易銜接一段跌勢。我們可選在「空單進場信號」出現時，或「跌勢確立」，將空單進場。

　　另外，圖中下方虛線為「空單退場信號」紅 K 高點，一旦突破，為「漲勢確立」，預告跌勢暫停或結束。我們可選在「空單退場信號」出現時，或「漲勢確立」時，將空單退出，取回獲利。

　　計算這筆空單的獲利機會：

　　自空單進場信號的黑 K 高 11024 至空單退場信號——紅 K 低 10468 算起，合計有 550 點以上的空單獲利空間；而圖中兩道虛線之間約為 10950 到 10550，是這筆空單交易的保守獲利範圍。

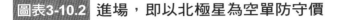

圖表3-10.2 進場，即以北極星為空單防守價

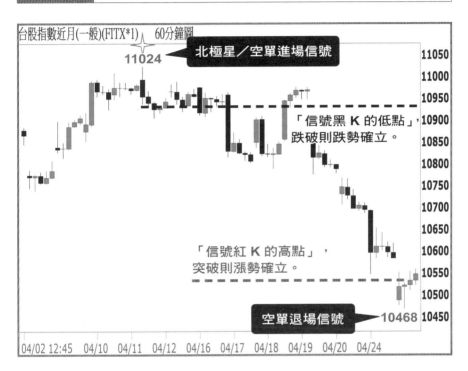

● 後續行情追蹤

　　下頁圖表 3-10.3 中方框範圍內，為這次空單交易的操作範圍。從圖中可見，指數在空單退場信號出現後，原先的跌勢止跌、盤底，為醞釀後續漲勢而準備。

　　而後續漲幅不小，一路漲到 10950 附近才休息；從空單退場信號之低點 10468 起算，漲幅多達 482 點。若在空單退場信號出現時即調整手上空單，就能確保最佳獲利。

圖表3-10.3 依照退場信號指示操作，避免獲利回吐，確保最佳獲利

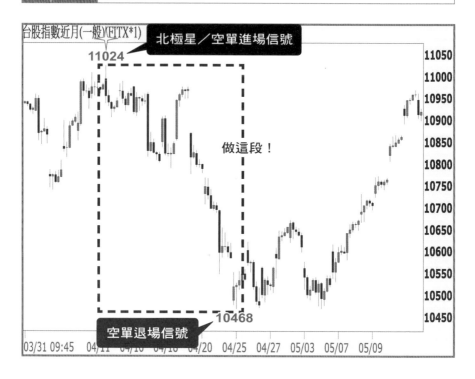

※補充說明：範例十中，於跌勢中曾出現過三次疑似空單退場信號（如圖表 3-10.4 中紅色圈示處）。在這些「疑似」信號出現時，可作為短線停利時機、減碼或分批賣出時機之外；可參考行情進行的程度來決定退場或續抱：

1. 若距離空單防守價 11024 不遠，可在突破前將空單續抱、繼續參與後續行情。

2. 若距離空單防守價 11024 距離較遠，可搭配後續 K 線觀察

漲勢確立與否，若未，空單可續抱並繼續參與行情，直到下一個退場信號出現為止。

圖表3-10.4 當「疑似空單退場信號」出現

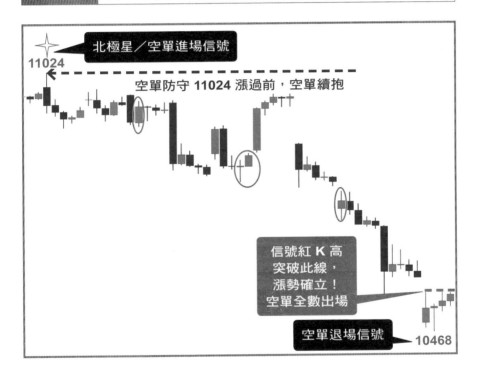

範例十一：跳空開高後驚見北極星，預告跌勢將起

圖表3-11.1 漲勢中出現北極星（空單進場信號），開始進場操作

台股指數近月(一般)(FITX*1)　　60分鐘圖

北極星／空單進場信號

10114

空單退場信號　9747

10/12 09:45　　10/16　　10/17　　10/18

空單進場信號：盤漲中於 10114 見高後收黑，形成黑 K 創新高，為空單進場信號。
空單退場信號：跌勢中以 9747 見低後收紅，形成紅 K 創新低，為空單退場信號。

● **步驟一：漲勢中，鎖定空單進場信號**

漲勢中，以 10114 見高後收黑，形成黑 K 創新高，即空單進場信號，可將空單進場，或先鎖定、暫時不動作，等跌勢確立後（指數跌破信號黑 K 的低點）空單才進場。

● **步驟二：有效控管風險**

空單進場後，以信號黑 K 高 10114 為空單防守，只要指數不漲過 10114，那麼空單可續抱，直到退場信號出現為止。

● **步驟三：跌勢中，鎖定空單退場信號**

空單進場後，當行情如期下跌，於跌勢中應鎖定空單退場信號，以準時退場、確保空單最佳獲利。如範例中，行情如期下跌並於跌勢中以 9747 收紅，形成紅 K 創新低，為「空單退場信號」。見信號出現，建議將手上空單退出，或待指數漲過信號紅 K 高再退場。

● **操作示範，補充教學**

下頁圖表 3-11.2 中標示有兩道虛線：上方虛線為「空單進場信號」黑 K 的低點。一旦指數跌破信號黑 K 低點，代表跌勢確立，後續易銜接一段跌勢，可選在「空單進場信號」出現時，或「跌勢確立」時，將空單進場。

另外，圖中下方虛線為「空單退場信號」紅 K 的高點，一旦突破，為「漲勢確立」，預告跌勢暫停或結束。我們可選在「空單退場信號」出現，或「漲勢確立」時，將空單退出，取回獲利。

計算這筆空單的獲利機會：

自空單進場信號的黑 K 高 10114 至空單退場信號的紅 K 低點 9747，合計有 367 點的空單獲利空間；而圖中兩道虛線之間約為 10050 到 9850，是這筆空單交易的保守獲利範圍。

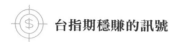

圖表3-11.2 進場後，以北極星為空單防守價

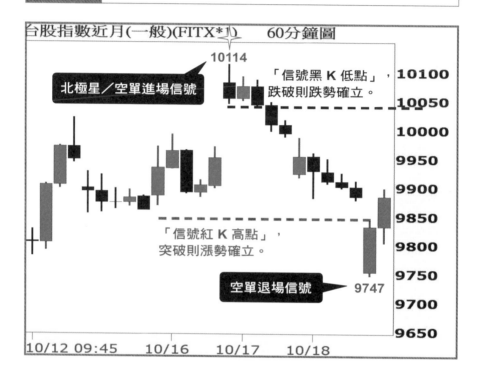

範例十二：北極星以十字黑 K 出現，觀察後續幾根 K 線

圖表3-12.1 漲勢中出現北極星（空單進場信號），開始進場操作

空單進場信號： 漲勢中於 11199 高後收黑，形成黑 K 創新高，為空單進場信號。
空單退場信號： 跌勢中以 10121 見低後收紅，形成紅 K 創新低，為空單退場信號。

● **步驟一：漲勢中，鎖定空單進場信號**

　　漲勢中，以 11199 見高後收黑，形成黑 K 創新高，即空單進場信號。見信號出現，空單可開始進場，或先鎖定、暫時不動作，等跌勢確立後（指數跌破信號黑 K 低）空單才進場。

● **步驟二：有效控管風險**

　　空單進場後，以信號黑 K 高 11199 為空單防守，只要指數不漲過 11199，那麼空單就可安心續抱，直到退場信號出現為止。

● **步驟三：跌勢中，鎖定空單退場信號**

　　空單進場後，當行情如期下跌，於跌勢中應持續鎖定空單退場信號，並在適當時機退場，以確保空單最佳獲利。圖表 3-12.1 中，行情如期下跌並於跌勢中以 10121 收紅，形成紅 K 創新低，此時將手上空單退出，或待指數漲過信號紅 K 高再退場。

● **操作示範，補充教學**

　　圖表 3-12.2 中標示有兩道虛線：上方虛線，為空單進場信號——黑 K 的低點。一旦指數跌破信號黑 K 低點，代表「跌勢確立」，後續易銜接一段跌勢。我們可選在「空單進場信號」出現時，或「跌勢確立」時，將空單進場。

　　另外，圖中下方虛線為「空單退場信號」紅 K 的高點，一旦突破，為「漲勢確立」，預告跌勢暫停或結束。我們可選在「空單退場信號」出現時，或「漲勢確立」時，將空單退出，獲利了結。

　　計算這筆空單的獲利機會：

　　自「空單進場信號」黑 K 高 11199 至「空單退場信號」紅 K 低 10121，合計共有 1078 點空單獲利空間；而圖中兩道虛線之間約為 11200 到 10300，是這筆空單交易的保守獲利範圍。

圖表3-12.2 請依照進信號指示操作，準時進場也準時退場

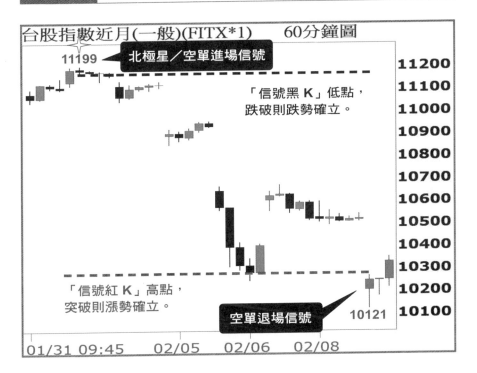

● 後續行情追蹤

下頁圖表 3-12.3 中方框範圍內，為這次空單交易的操作範圍。讀者從下頁圖中可見，於「空單退場信號」出現後，行情開始止跌轉漲，且後續漲幅不小，一路漲到 11100 附近才休息；從「空單退場信號」低點 10121 起算，漲幅有 979 點。

換句話說，如果這時還持有空單，就得承受獲利回吐。但只要在「空單退場信號」出現時，即調整手上空單，就能保有這筆空單的最佳獲利。

圖表3-12.3 依照退場信號指示操作，避免獲利回吐，確保最佳獲利

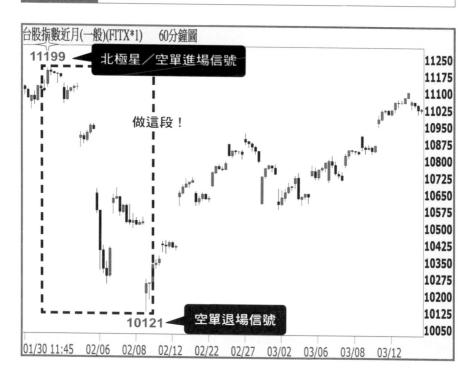

台股指數近月(一般)(FITX*1)　60分鐘圖

11199　北極星／空單進場信號

做這段！

10121　空單退場信號

01/30 11:45　02/06　02/08　02/12　02/22　02/27　03/02　03/06　03/08　03/12

11250
11175
11100
11025
10950
10875
10800
10725
10650
10575
10500
10425
10350
10275
10200
10125
10050

台指期術語入門

盤整：

指標與盤勢呈現背離的狀況；行情並無明顯上漲或下跌趨勢。（見第二章範例七）

盤底：

指數醞釀後續漲勢而準備。（見第170頁）

跳空開高：

K 線圖中若是一段沒有交易的價格區間，在兩根相鄰的 K 線間出現空白的缺口，代表這個價位沒有人交易，就稱為「跳空」（按：見第三章範例七）。

部位：

期貨和選擇權交易的專有名詞，又稱為倉位。指買賣金融商品（含證券、期貨等）的契約。

持倉：

又稱為持有、續抱。意指投資人布局（多單、空單）之後，持有部位。

轉倉：

因期貨每個月皆有最後結算日（按：詳見第 21 頁），若你買的是該月商品，在該月的最後結算日未平倉出場（按：見第 35 頁），期交所就會以這一天的結算價，將投資人當下持有的部位以市價結算。因此若投資人認為行情會延續，想繼續操作該波段，就得買進下個月的契約，以完成部位轉倉。

夜盤：

其定義為盤後交易。交易時段為當天下午 3 點至隔天凌晨 5 點（詳見第 17 頁）。

第四章

不用管明天、只想賺今天的 10 分鐘 K 線快速賺錢法

第一節
看到北極星訊號出現就放空，
不用參考其他指標

本章談的是一週內的快速獲利模式，因此會使用較短的 K 線頻率，10 分鐘 K 線（或稱 10 分 K）來舉例。

10 分鐘 K 線，顧名思義是每 10 分鐘產出一根 K 線，相較於前面介紹過的日 K 與 60 分鐘 K，速度快很多，因此，更適合有時間看盤，或喜歡操作短線的朋友來使用。

另外，在 10 分鐘 K 線中，由於速度較快、頻率較高，因此買賣信號出現的次數也會更頻繁。建議讀者朋友，在台指期的初期模擬練習過程中，可多加利用 10 分鐘 K 線來做練習，快速培養盤感。

使用 10 分 K 來操作時，可單純就 K 線做判斷，不須參入其他技術指標等數據，以免形成干擾。操作方式越單純越好，力求極簡化。

台股盤整時常出現一日行情，此時最適合使用 10 分 K 來操作，一種「不用管明天，只要今天有行情就好好掌握」的概念。即使遇上行情大於預期時，同樣可藉由北極星投資法則來掌握買賣時機。

第二節

10 分鐘 K 線操作詳解

範例一：漲勢中出現北極星，預告空單獲利機會

圖表4-1.1	漲勢中出現北極星（空單進場信號），開始進場操作

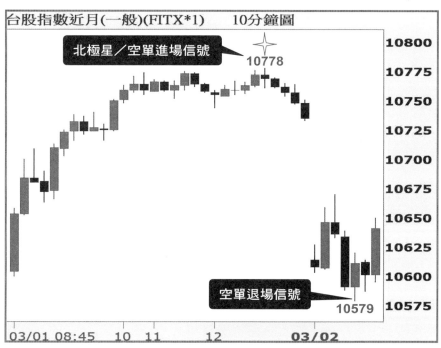

空單進場信號：漲勢中以 10778 見高後收黑，形成黑 K 創新高，為空單進場信號。
空單退場信號：跌勢中以 10579 見低後收紅，形成紅 K 創新低，為空單退場信號。

● **步驟一：空單進場**

指數經過一段小漲後，以 10778 見高後收黑，形成黑 K 創新高，為北極星投資法則中的「空單進場信號」。見信號出現，即可將空單進場。

● **步驟二：風險 OUT！**

空單進場後，直接以信號黑 K 高 10778 為空單防守，只要指數不漲過 10778，空單可安心續抱，直到退場信號出現為止。

● **步驟三：空單退場**

空單進場後，當行情如期下跌，於跌勢中請持續鎖定空單退場信號，且在適當時機退場，以免獲利大打折扣。

圖表 4-1.1 中，空單進場後行情如期下跌，於跌勢中以 10579 見低後收紅，形成紅 K 創新低，即北極星法中的空單退場信號。見信號出現，即可將手上空單退出。

● **空單防守，補充教學**

如圖表 4-1.2 所示，空單進場後，直接以空單進場信號黑 K 高 10778 為空單防守（如圖中虛線標示處）；空單進場後，若行情不如預期、不跌反漲甚至漲過空單防守價 10778，那麼空單可先退場。相反的，空單進場後，只要指數不漲過空單防守價 10778，空單就可續抱，直到空單退場信號出現為止。

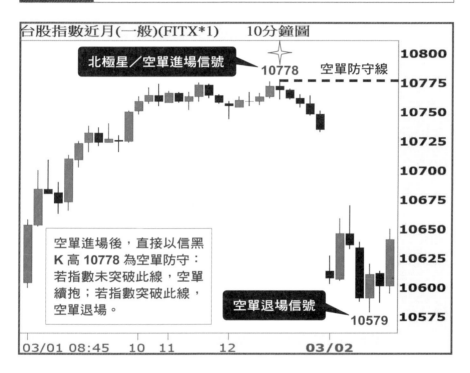

圖表4-1.2　預設「空單防守」能有效避險，並在安穩中追求最佳獲利

台股指數近月(一般)(FITX*1)　　10分鐘圖

北極星／空單進場信號

10778　　空單防守線

空單進場後，直接以信黑 K 高 10778 為空單防守：若指數未突破此線，空單續抱；若指數突破此線，空單退場。

空單退場信號

10579

03/01 08:45　10　11　12　03/02

2 日內完成 199 點的空方行情：

計算這筆空單的獲利機會：計算自空單進場信號的黑 K 高 10778，至空單退場信號的紅 K 低 10579 為止，共有 199 點的放空獲利機會。

而這筆交易起源於 2018/03/01 尾盤到 2018/03/02 早盤止，合計在兩個交易日內就完成 199 點的空方行情。

※補充說明：

Q、如何判斷進、退場時機？

解答：

（1）進場時機

以進場時機來說，當北極星（空單進場信號）出現，可搭配後續 K 線觀察，只要指數不再創新高，且向下跌落空單信號黑 K 低，則跌勢確立，此時請安心將空單進場。

（2）退場時機

空單進場後，若跌勢中出現了紅 K 創新低點，那就是空單退場信號。此時可搭配後續 K 線觀察，在信號出現後，只要指數不再創新低，且向上漲過信號紅 K 高時，表示原先跌勢將暫停或結束，空單可先退場。

範例二：漲後行情陷入盤整，北極星出現

圖表4-2.1	漲勢中出現北極星（空單進場信號），開始進場操作

空單進場信號：漲勢中以 11153 見高後收黑，形成黑 K 創新高，為空單進場信號。
空單退場信號：跌勢中以 11022 見低後收紅，形成紅 K 創新低，為空單退場信號。

● **步驟一：空單進場**

從圖表 4-2.1 可見，指數經過一段小漲後，以 11153 見高後收黑，形成黑 K 創新高，為北極星投資法則中的「空單進場信號」。見信號出現，空單就可以進場。

● 步驟二：風險 OUT！

空單進場後，直接以信號黑 K 高 11153 為空單防守，只要指數不漲過 11153，空單就可續抱，直到退場信號出現為止。

● 步驟三：空單退場

當行情如期下跌，於跌勢中請鎖定空單退場信號，若信號出現，則應即時退場，以確保最佳獲利。

圖表 4-2.1 中，空單進場後行情如期下跌，於跌勢中以 11022 見低後收紅，形成紅 K 創新低，此時可將手上空單退出。

● 空單防守，補充教學

如圖表 4-2.2 所示，空單進場後，請直接以空單進場信號黑 K 高 11153 為「空單防守」（圖中虛線）；空單進場後，若行情不跌反漲，還漲過空單防守價 11153，可先將空單退場。相反的，空單進場後，只要指數不漲過空單防守價 11153，空單就可以續抱，直到空單退場信號出現為止。

2 日內完成 131 點的空方行情：

計算這筆空單的獲利機會：計算自空單進場信號的黑 K 高 11153，至空單退場信號的紅 K 低 11022 為止，共有 131 點的放空獲利機會。

而這筆交易起源於 2018/06/13 尾盤到 2018/06/14 午盤前止，合計在兩個交易日內完成 131 點的空方行情。

圖表4-2.2	預設「空單防守」能有效避險，並在安穩中追求最佳獲利

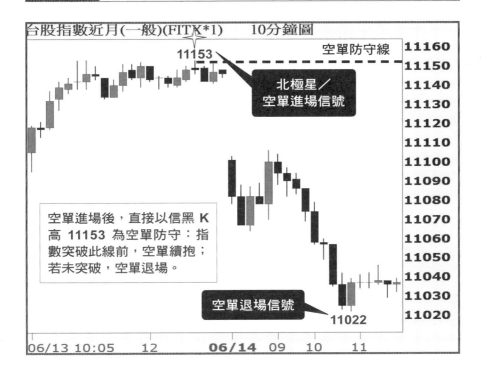

台股指數近月(一般)(FITX*1)　　10分鐘圖

空單防守線

11153　北極星／空單進場信號

空單進場後，直接以信黑 K 高 11153 為空單防守：指數突破此線前，空單續抱；若未突破，空單退場。

空單退場信號　11022

06/13 10:05　12　06/14　09　10　11

※補充說明：見下頁圖表 4-2.3，於跌勢中，曾出現「疑似空單賣出信號」（如圖中紅色圈示處），可視其為短線停利時機或多口數持有者的減碼或分批賣出時機，或以本範例中空單防守 11153 為主，突破前空單續抱。

圖表4-2.3 當「疑似空單賣出信號」出現

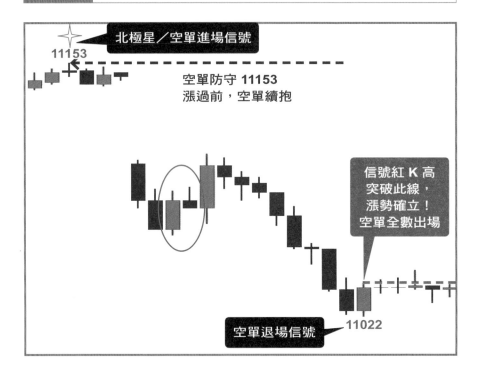

北極星／空單進場信號

11153

空單防守 11153
漲過前，空單續抱

信號紅 K 高
突破此線，
漲勢確立！
空單全數出場

空單退場信號

11022

範例三：若是收盤前才出現北極星，我要進場嗎？

　　如果「空單進場信號」出現在收盤前最後一根 K 線，接下來就要收盤了，怎麼辦？

　　目前台指期已開放日盤後的交易，若遇到這樣的情況，可搭配夜盤開盤後的第一根 K 線來觀察。判斷方法均方法相同。

圖表4-3.1　**漲勢中出現北極星（空單進場信號），開始進場操作**

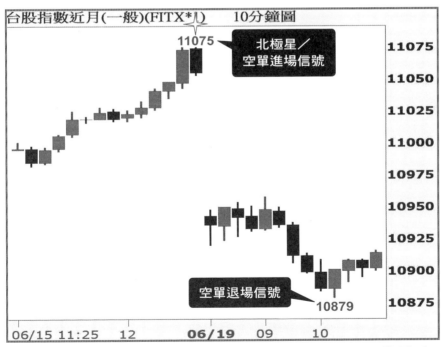

空單進場信號：漲勢中以 11075 見高後收黑，形成黑 K 創新高，為空單進場信號。

空單退場信號：跌勢中以 10879 見低後收紅，形成紅 K 創新低，為空單退場信號。

● **步驟一：空單進場**

　　指數經過一段小漲後，以 11075 見高後收黑，形成黑 K 創新高，為空單進場信號。見信號出現，將空單進場。

● **步驟二：風險 OUT！**

　　空單進場後，直接以信號黑 K 高 11075 為空單防守，只要指數不漲過 11075，空單可安心續抱，直到退場信號出現為止。

● **步驟三：空單退場**

　　空單進場後，當行情如期下跌，於跌勢中請持續鎖定「空單退場信號」並適時退場，以確保最佳獲利。

　　如範例中，空單進場後行情如期下跌，於跌勢中以 10879 見低後收紅，形成紅 K 創新低，為空單退場信號。見信號出現，可將手上空單退出。

● **空單防守，補充教學**

　　如下頁圖表 4-3.2 所示，空單進場後，請直接以空單進場信號黑 K 高 11075 為空單防守（圖中虛線）；空單進場後，若行情不跌反漲，還漲過空單防守價 11075，空單可先退場、確保安全。相反的，空單進場之後，只要指數不漲過空單防守價 11075，空單可續抱，直到空單退場信號出現為止。

　　2 日內完成 196 點的空方行情：

　　計算這筆空單的獲利機會：從空單進場信號的黑 K 高 11075，

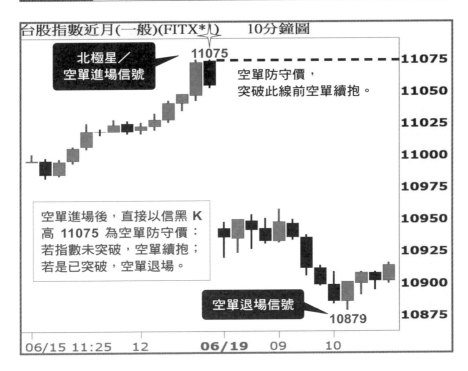

圖表4-3.2 預設「空單防守」能有效避險，並在安穩中追求最佳獲利

至空單退場信號的紅 K 低 10879 為止，合計有 196 點的放空獲利機會。

而這筆交易起源於 2018/06/15 尾盤到 2018/06/19 午盤前止，合計在兩個交易日內就完成 **196 點**的空方行情。

範例四：進場後出現震盪行情，也不慌亂

圖表4-4.1	漲勢中出現北極星（空單進場信號），開始進場操作

空單進場信號：漲勢中以 10744 見高後收黑，形成黑 K 創新高，為空單進場信號。
空單退場信號：跌勢中以 10574 見低後收紅，形成紅 K 創新低，為空單退場信號。

● **步驟一：空單進場**

　　指數經過一段小漲後，以 10744 見高後收黑，形成黑 K 創新高，為北極星投資法則中的空單進場信號。見信號出現，空單立即進場。

● **步驟二：風險 OUT！**

空單進場後，直接以信號黑 K 高 10744 為空單防守，只要指數不漲過 10744，空單可續抱，直到空單退場信號出現為止。

● **步驟三：空單退場**

當行情如期下跌，請於跌勢中鎖定空單退場信號，並且準時退場，以確保最佳獲利。

如範例中，空單進場後行情如期下跌，於跌勢中以 10574 見低後收紅，形成紅 K 創新低，為空單退場信號。見信號出現，可將手上空單退出。

● **空單防守，補充教學**

從圖表 4-4.2 中可見，在空單進場信號出現後，行情並未馬上下跌，而是出現震盪行情。此時請不要感到慌亂，以空單進場信號黑 K 高 10744 來作為空單防守（如圖中黑色虛線標示處）；空單進場後，無論行情如何震盪，只要不漲過空單防守價 10744，空單就可安心續抱。

2 日內完成 170 點的空方行情：

計算這筆空單的獲利機會：自空單進場信號黑 K 高 10744 至空單退場信號紅 K 低 10574 為止，合計有 170 點的放空獲利機會。

而這筆交易起源於 2018/07/10 早盤到 2018/07/11 早盤止，合計在兩個交易日內就完成 170 點的空方行情。

圖表4-4.2	預設「空單防守」能有效避險，並在安穩中追求最佳獲利

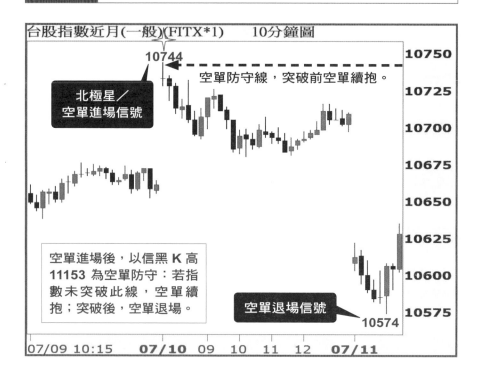

台股指數近月(一般)(FITX*1)　　10分鐘圖

10744　　空單防守線，突破前空單續抱。

北極星／
空單進場信號

空單進場後，以信黑K高
11153為空單防守：若指
數未突破此線，空單續
抱；突破後，空單退場。

空單退場信號

10574

10750　10725　10700　10675　10650　10625　10600　10575

07/09 10:15　07/10　09　10　11　12　07/11

※補充說明：本範例於跌勢中，曾多次出現疑似空單退場信號（如圖表 4-4.3 中紅色圈示處）。這些「疑似」信號出現時，可作為短線停利時機、多口數持有者的減碼或分批賣出時機，或可參考行情進行的程度來決定退場或續抱：

1. 若距離空單防守價 10744 不遠（如圖中左一～左三紅圈處），可在突破空單防守價前，續抱空單。

2. 若距離空單防守價 10744 較遠，可搭配後續 K 線觀察漲勢確立與否，若未，可繼續參與行情，觀察下一個退場信號。

圖表4-4.3　當「疑似」退場信號出現

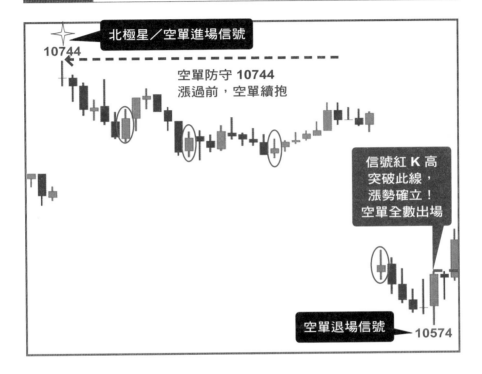

北極星／空單進場信號

10744

空單防守 **10744**
漲過前，空單續抱

信號紅 **K** 高
突破此線，
漲勢確立！
空單全數出場

空單退場信號 —— **10574**

範例五：放空後驚見長紅 K 線。設防守線，情緒不隨行情起舞

| 圖表4-5.1 | 漲勢中出現北極星（空單進場信號），開始進場操作 |

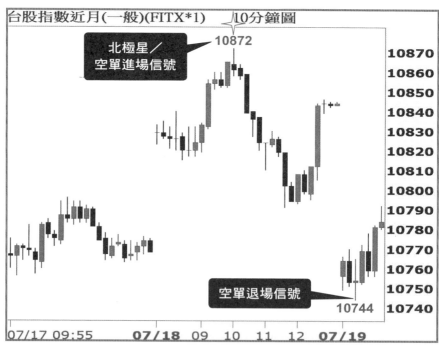

空單進場信號：漲勢中以 10872 見高後收黑，形成黑 K 創新高，為空單進場信號。
空單退場信號：跌勢中以 10744 見低後收紅，形成紅 K 創新低，為空單退場信號。

● 步驟一：空單進場

　　指數經過一段小漲後以 10872 見高後收黑，形成黑 K 創新高，為北極星投資法則中的空單進場信號。見信號出現，空單進場。

● 步驟二：風險 OUT！

空單進場後，直接以信號黑 K 高 10872 為空單防守，只要指數不漲過 10872，空單可安心續抱，直到退場信號出現為止。

● 步驟三：空單退場

當行情如期下跌，請於跌勢中鎖定空單退場信號，且要即時退場，免得獲利回吐。

圖表 4-5.1 中，空單進場信號（黑 K 創新高）之後的行情如期下跌，這波跌勢以 10744 見低收紅，形成紅 K 創新低，為「空單退場信號」。見信號出現，可將手上空單退出。

● 空單防守，補充教學

見下頁圖表 4-5.2，就在空單進場不久，行情出現反彈上漲，且在漲勢中還有長紅 K 出現，行情跌不下去了嗎？怎麼辦？

即使是遇到這樣的情形，也不用心慌！

此時空單才剛進場不久，可以空單進場信號的黑 K 高 10872 為空單防守（圖中黑色虛線）。將空單進場以後，即使出現反彈漲勢，但**只要指數不漲過空單防守價 10872，空單就可安心續抱**。操作時，進退有據、有一套清楚的原則，就能安心抱牢，便不再過早出場而錯失後續的更大獲利。

2 日內完成 128 點的空方行情：

計算這筆空單的獲利機會：自空單進場信號的黑 K 高 10872，至空單退場信號的紅 K 低 10744 止，合計有 128 點的放空獲利機

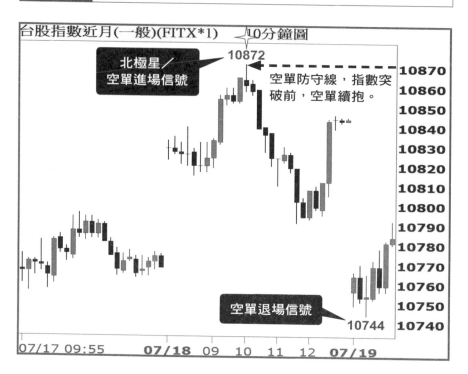

圖表4-5.2 預設「空單防守」能有效避險，並在安穩中追求最佳獲利

台股指數近月(一般)(FITX*1)　10分鐘圖

北極星／空單進場信號　10872

空單防守線，指數突破前，空單續抱。

空單退場信號　10744

07/17 09:55　07/18　09　10　11　12　07/19

會。而這筆交易起源於 2018/07/18 午盤起到 2018/07/19 早盤止，合計在兩個交易日內完成 128 點的空方行情。

範例六：若北極星以十字黑 K（實體面積小）出現，搭配後續 K 線觀察

| 圖表4-6.1 | 漲勢中出現北極星（空單進場信號），開始進場操作 |

空單進場信號：漲勢中以 11057 見高後收黑，形成黑 K 創新高，為空單進場信號。

空單退場信號：跌勢中以 10866 見低後收紅，形成紅 K 創新低，為空單退場信號。

● **步驟一：空單進場**

從圖表 4-6.1 中可見，指數經過一段小漲後，以 11057 見高後收黑，形成黑 K 創新高，為北極星投資法則中的空單進場信號。

見信號出現，空單進場。

● 步驟二：風險 OUT！

空單進場後，直接以信號黑 K 高 11057 為空單防守，只要指數不漲過 11057，空單可安心續抱，直到退場信號出現為止。

● 步驟三：空單退場

當行情如期下跌，請於跌勢中鎖定空單退場信號並在適當時機退場，以確保最佳獲利。

圖表 4-6.1 中，空單進場後行情如期下跌，於跌勢中以 10866 見低後收紅，形成紅 K 創新低，為空單退場信號。見信號出現，可將手上空單退出。

● 空單防守，補充教學

如圖表 4-6.2 所示，空單進場後，請直接以空單進場信號黑 K 高 11057 作為空單防守（虛線標示處）；空單進場後，只要指數不漲過空單防守價 11057，空單就可續抱，直到空單退場信號出現為止。

2 日內完成 191 點的空方行情：

計算這筆空單的獲利機會：自空單進場信號的黑 K 的高點 11057， 至空單退場信號的紅 K 低 10866 為止，合計有 191 點的放空獲利機會。

而這筆交易起源於 2018/08/01 尾盤到 2018/08/02 午盤前止，合計在兩個交易日內完成 191 點的空方行情。

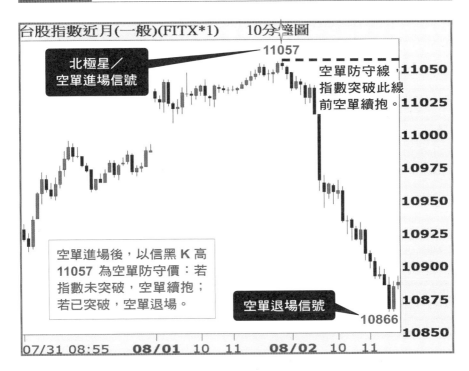

圖表4-6.2　預設「空單防守」能有效避險，並在安穩中追求最佳獲利

台股指數近月(一般)(FITX*1)　10分鐘圖

11057

北極星／
空單進場信號

空單防守線，
指數突破此線
前空單續抱。

11050
11025
11000
10975
10950
10925
10900
10875
10850

空單進場後，以信黑K高
11057 為空單防守價：若
指數未突破，空單續抱；
若已突破，空單退場。

空單退場信號

10866

07/31 08:55　08/01　10　11　08/02　10　11

　　※補充說明：從下頁圖表 4-6.3 可見，本範例在「空單退場信號」出現前，也曾出現「疑似空單退場信號」出現。

　　而這根紅 K 出現時，由於已距離空單防守 11057 已遠，建議可直接搭配後續 K 線觀察，並在「漲勢確立」後，確實將手上空單退場。

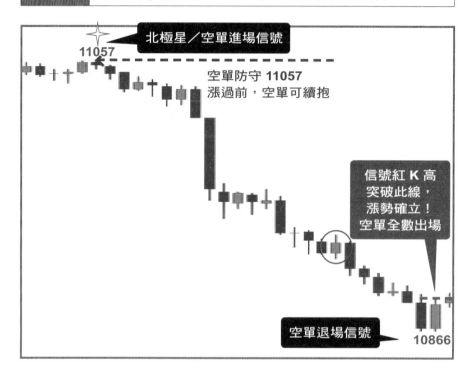

圖表4-6.3 「疑似」信號出現時，觀察漲勢確立與否

北極星／空單進場信號

11057

空單防守 11057
漲過前，空單可續抱

信號紅 K 高
突破此線，
漲勢確立！
空單全數出場

空單退場信號

10866

範例七：都要跨週末了，還等不到退場的訊號

圖表4-7.1	漲勢中出現北極星（空單進場信號），開始進場操作

空單進場信號：漲勢中以 11070 見高後收黑，形成黑 K 創新高，為空單進場信號。
空單退場信號：跌勢中以 10850 見低後收紅，形成紅 K 創新低，為空單退場信號。

● 步驟一：空單進場

　　圖表 4-7.1 可見指數經過一段小漲後，以 11070 見高後收黑，形成黑 K 創新高，為空單進場信號。見信號出現，空單進場。

● **步驟二：風險 OUT！**

空單進場後，直接以信號黑 K 的高點 11070 為空單防守，只要指數不漲過 11070，空單可安心續抱，直到退場信號出現為止。

● **步驟三：空單退場**

當行情如期下跌，請於跌勢中鎖定空單退場信號並在適當時機退場，以確保最佳獲利。

如範例中，空單進場後行情如期下跌，於跌勢中以 10850 見低後收紅，形成紅 K 創新低，為空單退場信號，此時可將空單退出。

● **空單防守，補充教學**

如下頁圖表 4-7.2 所示，空單進場後，直接以空單進場信號黑 K 高 11070 為空單防守線（如圖中虛線）；空單進場後，只要指數不漲過空單防守價 11070 就可續抱，直到空單退場信號出現為止。

4 日內完成 220 點的空方行情：

計算這筆空單的獲利機會：自作為空單進場信號的黑 K 高 11070，至空單退場信號的紅 K 低 10850 為止，合計有 220 點的放空獲利機會。

而這次行情為期較久，這筆交易起源於 2018/08/08 早盤到 2018/08/13 早盤止，合計在四個交易日內完成 220 點的空方行情。

※補充說明：不小心做到跨週末大行情怎麼辦？

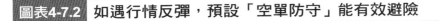

圖表4-7.2　如遇行情反彈，預設「空單防守」能有效避險

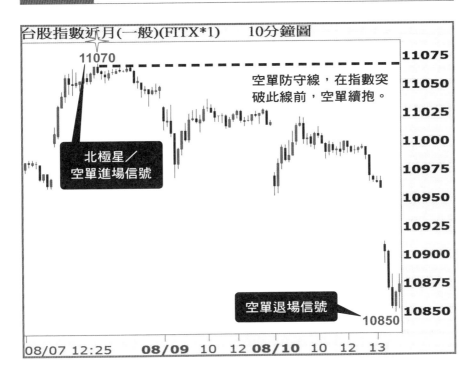

解答：我們使用的都是同一套老方法，可是同樣的做法會遇上不同的情境；以此範例來說，將空單進場後，空方行情一直延續，直到要跨週末了，都還等不到退場信號，是否該先退場呢？

別擔心，只要退場信號還沒出現，就安心將空單續抱吧！但是如果實在太擔心，那就直接將空單退出，取回現有獲利，以免整個週末都因為擔心而無法好好過日子，那就失去投資的本意了。

範例八：不錯過大行情，操作法有兩種

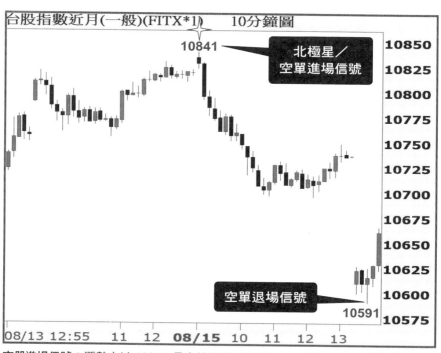

圖表4-8.1	漲勢中出現北極星（空單進場信號），開始進場操作

空單進場信號：漲勢中以 10841 見高後收黑，形成黑 K 創新高，為空單進場信號。
空單退場信號：跌勢中以 10591 見低後收紅，形成紅 K 創新低，為空單退場信號。

● 步驟一：空單進場

　　見圖表 4-8.1 指數經過一段小漲後，以 10841 見高後收黑，形成黑 K 創新高，為空單進場信號。見信號出現，投資人可將空單進場。

● 步驟二：風險 OUT！

空單進場後，直接以信號黑 K 高 10841 作為空單防守線，只要指數不漲過 10841，空單可安心續抱，直到退場信號出現為止。

● 步驟三：空單退場

當行情如期下跌，於跌勢中請持續鎖定空單退場信號並適時退場，以防獲利回吐。

如範例中，空單進場後行情如期下跌，於跌勢中以 10591 見低後收紅，形成紅 K 創新低，為空單退場信號。見信號出現，可將手上空單退出。

● 空單防守，補充教學

如下頁圖表 4-8.2 所示，空單進場後，請直接以空單進場信號、黑 K 高 10841 為空單防守（圖中虛線）；空單進場後，只要指數不漲過空單防守價，空單就可以安心續抱，直到空單退場信號出現為止。

2 日內完成 250 點的空方行情：

計算這筆空單的獲利機會：自空單進場信號的黑 K 高 10841 至空單退場信號、紅 K 的低點 10591 為止，合計有 250 點的獲利機會。

而這筆交易起源於 2018/08/15 早盤到 2018/08/16 早盤為止，合計在兩個交易日內、完成 250 點的空方行情。

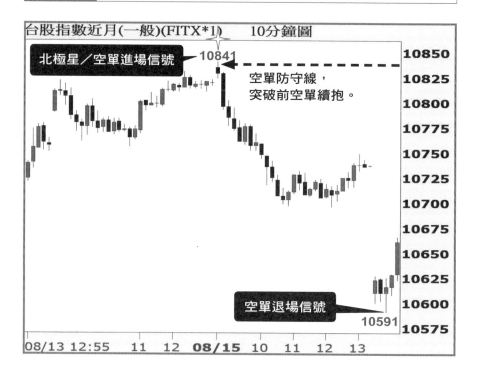

圖表4-8.2　指數不漲過進場信號，空單安心抱

台股指數近月(一般)(FITX*1)　　10分鐘圖

北極星／空單進場信號　10841

空單防守線，
突破前空單續抱。

空單退場信號

10591

08/13 12:55　11　12　08/15　10　11　12　13

10850
10825
10800
10775
10750
10725
10700
10675
10650
10625
10600
10575

　　※補充說明：見圖表 4-8.3，跌勢中，曾多次出現疑似空單退場信號（如圖中紅色圈示處）。這些「疑似」信號出現時，可視其為短線停利時機；對多口數持有者而言，則是減碼或分批賣出時機：

　　1. 若距離空單防守價 10841 距離不遠，可在突破前將空單續抱、繼續參與後續行情。

　　2. 若距離空單防守價 10841 距離較遠，可搭配後續 K 線觀察

「漲勢確立」與否，若是尚未，可將空單續抱並繼續參與行情，直到下一個退場信號出現為止。

圖表4-8.3 跌勢中的「疑似」空單退場信號

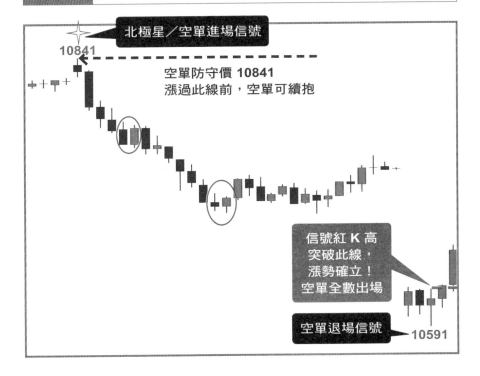

範例九：漲勢中出現黑 K 創新高，預告行情轉向

圖表4-9.1 漲勢中出現北極星，進場操作

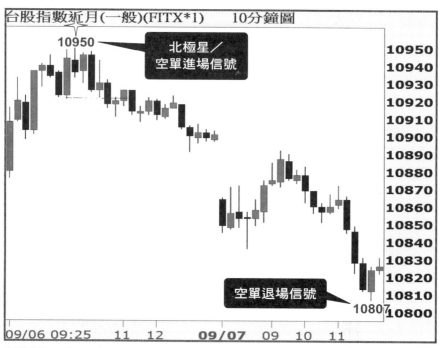

空單進場信號：漲勢中以 10950 見高後收黑，形成黑 K 創新高，為空單進場信號。
空單退場信號：跌勢中以 10807 見低後收紅，形成紅 K 創新低，為空單退場信號。

● 步驟一：空單進場

　　從圖表 4-9.1 中可以看到，指數經過一段小漲後，以 10950 見高後收黑，形成黑 K 創新高，為北極星投資法則中的空單進場信號。見信號出現，空單進場。

● 步驟二：風險 OUT！

空單進場後，直接以信號黑 K 高 10950 為空單防守，只要指數不漲過 10950，空單可安心續抱，直到退場信號出現為止。

● 步驟三：空單退場

當行情如期下跌，請於跌勢中鎖定空單退場信號，並且在適當時機退場，以確保最佳獲利。

圖表 4-9.1 中，空單進場後行情如期下跌，於跌勢中以 10807 見低後收紅，形成紅 K 創新低，為空單退場信號。見信號出現，可將手上空單退出。

● 空單防守，補充教學

圖表 4-9.2 所示，空單進場後，請直接以空單進場信號黑 K 高 10950 為空單防守（如圖中虛線標示處）；將空單進場以後，只要指數不漲過空單防守價，空單就可續抱，直到空單退場信號出現為止。

2 日內完成 143 點的空方行情：

計算這筆空單的獲利機會：自作為空單進場信號的黑 K 高 10950 至「空單退場信號」紅 K 低 10807 為止，合計有 143 點的放空獲利機會。

而這筆交易起源於 2018/09/06 早盤到 2018/09/07 午盤前，合計在兩個交易日內完成 143 點的空方行情。

| 圖表4-9.2 | 預設「空單防守」能有效避險，並在安穩中追求最佳獲利 |

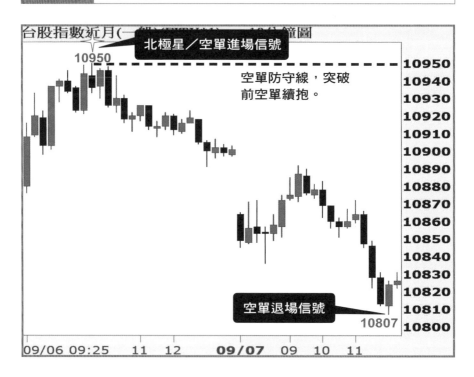

※補充說明：本範例於跌勢中，曾二度出現疑似空單退場信號（如圖表 4-9.3 中紅色圈示處）。這兩次「疑似」信號出現時，可視其為短線停利時機、多口數持有者的減碼或分批賣出時機，或可參考空單防守價 10950，由於此時距離不遠，可在防守價突破前將空單續抱。

圖表4-9.3　空單進場後即見退場信號，別慌

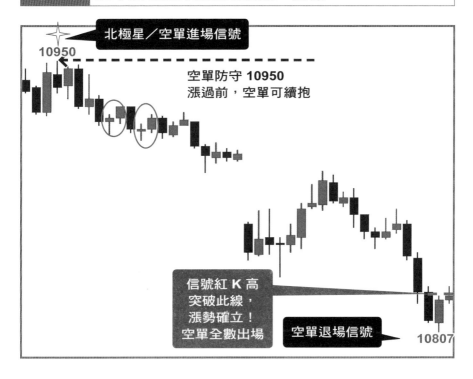

範例十：與大行情不期而遇，設信號為防守線

圖表4-10.1 漲勢中出現「北極星」，預告行情將起變化

空單進場信號：漲勢中以 11039 見高後收黑，形成黑 K 創新高，為空單進場信號。
空單退場信號：跌勢中以 10431 見低後收紅，形成紅 K 創新低，為空單退場信號。

● 步驟一：空單進場

見圖表 4-10.1，指數經過一段小漲後，以 11039 見高後收黑，
形成黑 K 創新高，為北極星投資法則中的空單進場信號。見信號
出現，將空單進場。

● 步驟二：風險 OUT！

空單進場後，直接以信號黑 K 高 11039 為空單防守，只要指數不漲過 11039，空單可安心續抱，直到退場信號出現為止。

● 步驟三：空單退場

當行情如期下跌，請於跌勢中鎖定空單退場信號並適時退場，以確保最佳獲利。

如範例中，空單進場後行情如期下跌，於跌勢中以 10431 見低後收紅，形成紅 K 創新低，為空單退場信號。見信號出現，可將手上空單退出。

● 空單防守，補充教學

不管遇上多大的行情，北極星投資法都能應用！空單進場後，請直接以空單進場信號黑 K 高 11039 為「空單防守」；空單進場後，只要指數不漲過 11039，空單可續抱，直到空單退場信號出現為止。

六日內完成 608 點的空方行情：

計算這筆空單的獲利機會：自「空單進場信號」黑 K 的高點 11039 至「空單退場信號」紅 K 的低點 10431 為止，共有 608 點的放空獲利機會。

而這筆交易起源於 2018/09/28 到 2018/10/05 為止，因跨週末，合計在六個交易日內、跨週末完成交易。

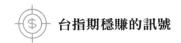

圖表4-10.2	預設「空單防守」能有效避險,並在安穩中追求最佳獲利

※補充說明:如圖表 4-10.3 中紅色圈示處中,出現「疑似空單退場信號」。在這兩次「疑似」信號出現時,皆可作為停利時機;多口數持有者減碼或分批賣出時機;或可參考行情進行程度來決定持有部位的去留:以本範例情況而言,由於距離空單防守價11039 已遠且獲利已豐,可搭配後續 K 線觀察何時出現「漲勢確立」,一旦漲勢確立,空單停利出場、獲利入袋。

圖表4-10.3　跌勢中出現「疑似空單退場信號」

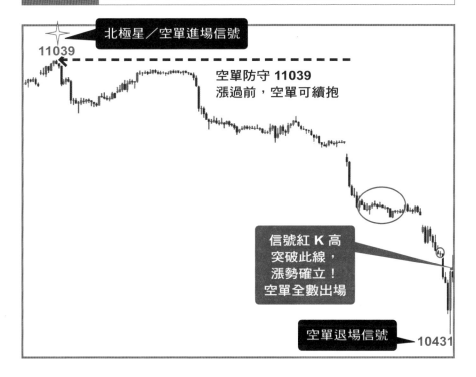

北極星／空單進場信號

11039

空單防守 **11039**
漲過前，空單可續抱

信號紅 **K** 高
突破此線，
漲勢確立！
空單全數出場

空單退場信號　10431

範例十一：跳空開高後出現北極星，意味漲勢喊停

圖表4-11.1 漲勢中出現北極星（空單進場信號），開始進場操作

台股指數近月(一般)(FITX*1)　　10分鐘圖

空單進場信號：漲勢中以 10000 見高後收黑，形成黑 K 創新高，為空單進場信號。
空單退場信號：跌勢中以 9754 見低後收紅，形成紅 K 創新低，為空單退場信號。

● 步驟一：空單進場

見圖表 4-11.1，指數小漲一段後，以 10000 見高後收黑，形成黑 K 創新高，為北極星「空單進場信號」出現，可將空單進場。

● 步驟二：風險 OUT！

空單進場後，直接以信號黑 K 高 10000 為空單防守，只要指數不漲過 10000，空單可續抱，直到退場信號出現為止。

● 步驟三：空單退場

當行情如期下跌，請於跌勢中鎖定空單退場信號並適時退場，以確保最佳獲利。

如範例中，空單進場後行情如期下跌，於跌勢中以 9754 見低後收紅，形成紅 K 創新低，為空單退場信號。見信號出現，可將手上空單退出。

● 空單防守，補充教學

空單進場後，請直接以空單進場信號黑 K 高 10000 為空單防守（如圖表 4-11.2 中虛線標示處）；空單進場後，只要指數不漲過空單防守價 10000，空單就可以安心續抱，直到空單退場信號出現為止。

2 日內完成 246 點的空方行情：

計算這筆空單的獲利機會：自空單進場信號的黑 K 高 10000，至空單退場信號的紅 K 低 9754 為止，合計有 246 點的放空獲利機會。

而這筆交易起源於 2018/11/08 早盤到 2018/11/09 午盤前止，因跨週末，合計在兩個交易日內完成 246 點的空方行情。

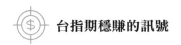

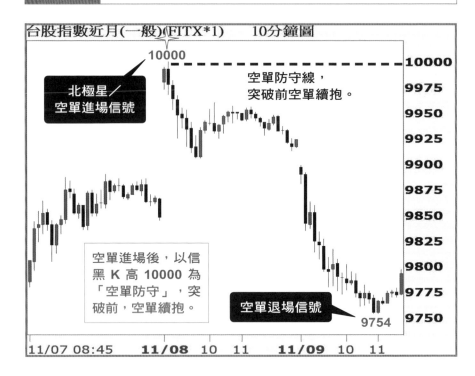

圖表4-11.2 未突破空單防守價（北極星），空單安心抱

範例十二：放空後行情遲遲不下跌。設立防守線，情緒不受擺盪

圖表4-12.1	漲勢中出現北極星（空單進場信號），開始進場操作

空單進場信號：漲勢中以 10374 見高後收黑，形成黑 K 創新高，為空單進場信號。

空單退場信號：跌勢中以 10218 見低後收紅，形成紅 K 創新低，為空單退場信號。

● 步驟一：空單進場

　　見圖表 4-12.1，指數小漲後，以10374 見高後收黑，形成黑 K 創新高，為北極星「空單進場信號」。見信號出現，空單進場。

- 步驟二：風險 OUT！

　　空單進場後，直接以信號黑 K 高 10374 為空單防守，只要指數不漲過 10374，空單可安心續抱，直到退場信號出現為止。

- 步驟三：空單退場

　　空單進場後，當行情如期下跌，請於跌勢中鎖定「空退場信號」並在適當時機退場，以確保最佳獲利。

　　圖表 4-12.1 中，空單進場後行情如期下跌，於跌勢中以 10218 見低後收紅，形成紅 K 創新低，為「空單退場信號」。見信號出現，可將手上空單退出。

- 空單防守，補充教學

　　空單進場後，請直接以空單進場信號、黑 K 高 10374 為「空單防守（如圖表 4-12.2 中虛線標示處）」；空單進場後，只要指數不漲過空單防守價 10374，空單就可以安心續抱，直到空單退場信號出現為止。

　　1 日內完成 156 點的空方行情：

　　計算這筆空單的獲利機會：自「空單進場信號」黑 K 高 10374 至「空單退場信號」紅 K 低 10218 為止，合計有 156 點的放空獲利機會。

　　而這筆交易起源於 2019/05/28 早盤起到 05/29 早盤止，合計在 1 個交易日內完成 156 點的空方行情。

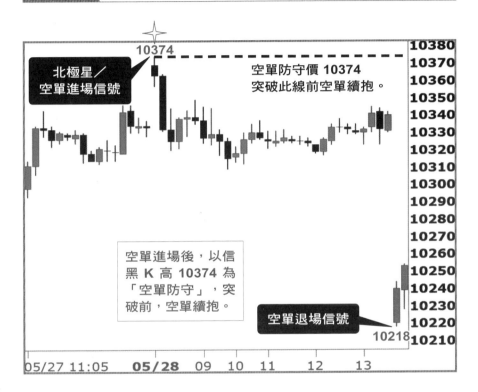

圖表4-12.2　預設「空單防守」能有效避險，並在安穩中追求最佳獲利

　　※補充說明：見下頁圖表 4-12.3，跌勢中曾出現疑似空單退場信號（圖中紅色圈示處）。這類紅 K 線出現時，可作為短線停利時機；多口數持有者的減碼或分批賣出時機；或可參考空單防守價10374，於突破前續抱。

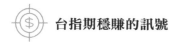
圖表4-12.3 當「疑似空單賣出信號」出現

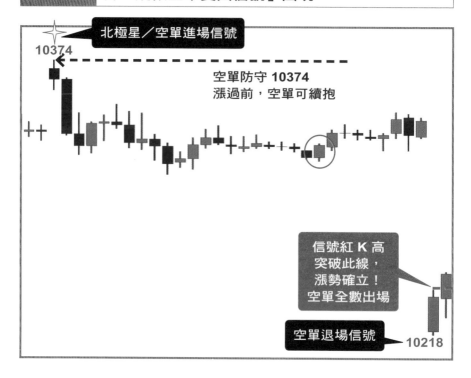

結語

投資第一件事：守紀律

　　台指期的操作方式很自由，也可以很有創意，但投資最重要的，就是買、賣進出要有依據，而北極星投資法則的買、賣信號相當明確，控制進場後的風險，也有極高的效能（按：空單防守價）。這是一套對就對，錯就錯，一點都不囉唆、絕不拖泥帶水的操作方法。

　　如果你過往的操作缺乏紀律，明明已經看到機會卻不進場，市場已經反轉卻因貪心還不出場，那剛好，這套「北極星投資法」就是專門糾正與導正你的投資散漫。

　　投資，不是只為了賺錢，而是為了創造更美好的生活，我們身處於這通膨高漲的年代，物價連番上漲、房價居高不下，且股市等不到便宜買點，難道投資生活就要這樣卡住了嗎？

　　除了等待，你還有更好的選擇。

　　「北極星投資法則」可讓你時時搜尋到投資機會，以最低的風險來創造最高獲利，這樣的投資理念，也正是我最想帶給讀者的禮物。

　　投資隨時都可以開始，機會時時都在；絕對沒有「動彈不得」的時刻。**勤奮帶來機會，努力帶來幸運。**只要投資觀念正確，就能讓財富在正循環中越來越好。

投資第一步，是做好本業，從中累積投資操作資本，再藉由投資的獲利來提高身家、滋潤生活、美化人生。最美好的人生模式，現在就啟動！

圖表5-1　投資第一件事

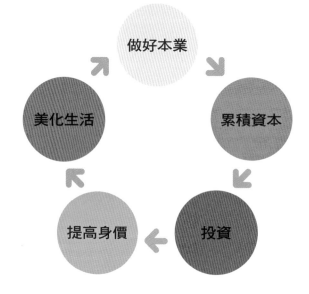

補充篇

上班族有福了，
台指期也能「被動投資」

　　既然我們生活在現代，就不要錯失科技帶來的方便。本篇我以電腦版（XQ 操盤高手）舉例說明，如何安裝及設定看盤軟體。

　　此後針對慣用手機投資的讀者說明，從下載 App 到「設定通知值」的依序步驟（見第 244 頁圖表 5-4）。上述這個功能對適用中長線操作的上班族尤其方便，因為一旦設定號「通知值」，你不用時常看盤，也不擔憂錯過空單進場、退場的時機。

圖表5-2　看盤軟體安裝教學，以軟體 **XQ** 操盤高手為例

步驟 1　搜尋「XQ 操盤高手」，提供免費下載軟體。

台指期穩賺的訊號

步驟 2　完成安裝後，點進軟體可見「註冊新帳號」字樣，註冊
　　　　帳號。

步驟3　進行登入後，你會看到如下畫面點選「期貨」，之後便
　　　　可看到目前可買賣的台指商品。

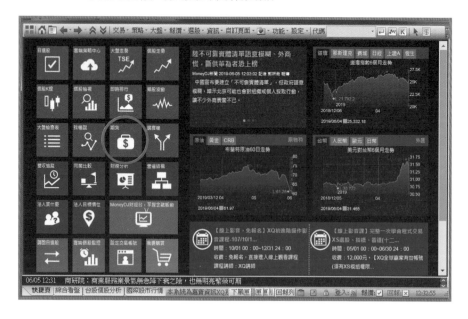

完成後，即可進入到圖表 5-3 的步驟：設定看盤軟體。

| 圖表5-3 | 如何設定看盤？以軟體 **XQ** 操盤高手為例 |

步驟 1 打開 XQ 操盤高手軟體之後，可見右上方有「K」之圖
樣，為商品技術分析圖。

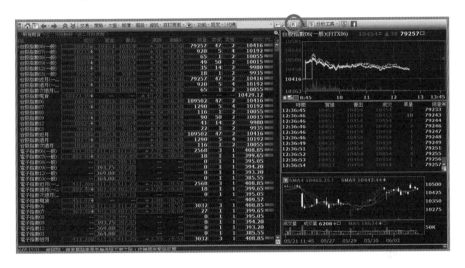

步驟 2 點進「K」以後，點選「台灣期交所」；接著點進其下的
「近月期貨商品」。

步驟 3 以 2019 年最近期的台指期商品——6 月分台指期為例。
按下滑鼠右鍵，選取「設定」。

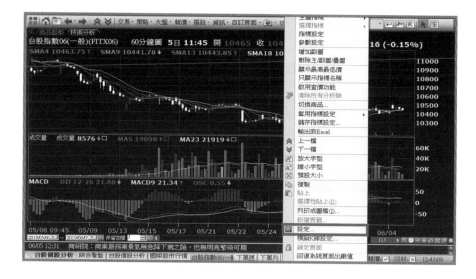

步驟 4 勾選「一般」功能表中的「標示區間最高價及最低價（H）」。

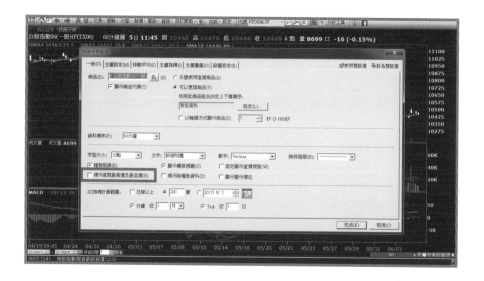

步驟 5　K 線圖（此以 60 分鐘 K 為例）便顯示，當下最高價與最
低價的位置。

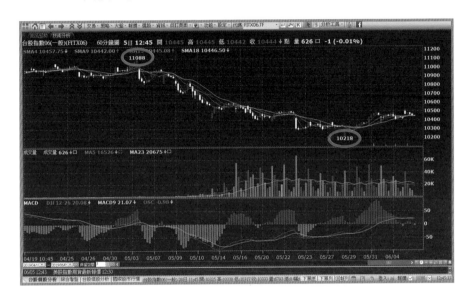

設定警示鈴聲教學：

多嬴有「警示鈴聲的設定」的強大功能，讓投資人不須時時盯
盤，只要在重要數值設定警示鈴聲，等鈴聲響起時再進行買賣動作
即可。

舉例來說，當我預計在指數跌破 10000 點時要讓空單進場，那
要怎麼在手機上設定呢？以下將各步驟一一說明：

（按：以「三竹股市」App 為例。請先於 App Store 或 Google
Play 先下載軟體。）

圖表5-4 手機 App 設定通知值，台指期也能「被動」投資

步驟 1 成功下載 App 後，到主畫面中點選「期貨」項目。

步驟 2 進入「期貨」畫面後，點選你要操作的商品「台指」。

步驟 3　進入「台指」畫面後，點選你要操作的月分。

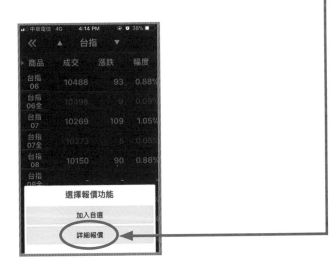

步驟 4　點進去之後，會跳出「選擇報價功能」的欄位，請點選「詳細報價」。

步驟 5 點入後，會跳出行情走勢圖，請在畫面中最右上角點選
「三」圖示。

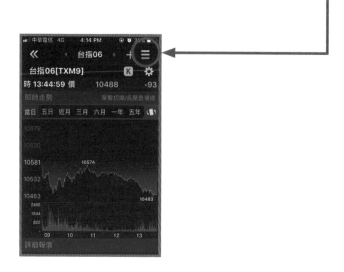

步驟 6 接下來會跳出七個功能選項，請點選「警示設定」。

步驟 7　進入畫面後，先設定「通知條件」，再點選「條件值」右側欄位。

比方說，希望指數突破 10000 時能發出響鈴通知，請這樣做：

（1）在「提示條件」中選擇「成交價格高於」；

（2）在「條件值」中輸入 10000。

完成上述 7 個步驟後，你就不須每個小時盯盤還能穩賺獲利。

電腦版下單流程教學：

接下來，再以電腦版說明該如何下單，以 XQ 操盤高手為例，當你完成開設帳戶之後：

圖表5-5 如何下單？以**XQ**操盤高手為例

步驟 1 打開「XQ 操盤高手」，點選左上角的「交易」，再點選
其中的「帳號設定」選項。

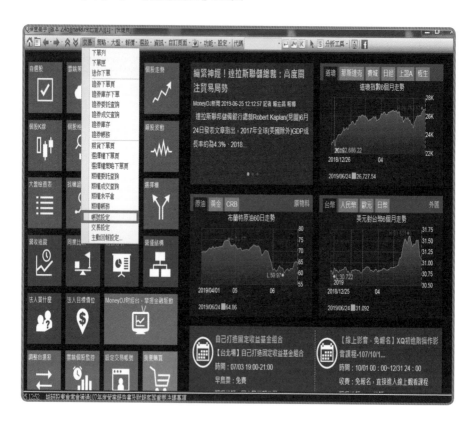

步驟 2　完成帳號驗證手續，之後即可開始下單。

步驟 **3** 回到快捷頁，點選「期貨」。畫面即顯示出目前可交易的
商品選擇。接著點進右下角之「下單列」選項。

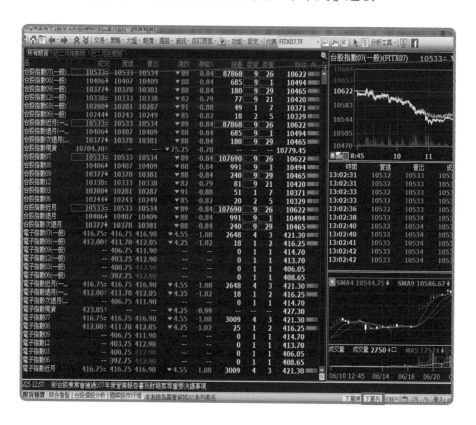

步驟 4 使用快速下單列，填妥資訊按下送出，即可完成下單。

❶ 點選你要使用的帳號。

❷ 選擇買賣別：選擇「買進」時，表格變為「紅色」。選擇「賣出」時，表格變為「綠色」。

❸ 點選你要交易的商品。

❹ 選擇你要操作的台指期月分。

❺ 輸入此次買賣之口數。

參考資料：「XQ 官網──XQ 全球贏家」

https://bit.ly/31PHmQw

Biz 305

台指期穩賺的訊號

我用北極星投資法，只看兩個訊號、三種 K 線任選，
不用三萬本金，機械性操作年賺 30%

作　　者／陳姵伊	
責任編輯／林杰蓉	
美術編輯／張皓婷	
副總編輯／顏惠君	
總 編 輯／吳依瑋	
發 行 人／徐仲秋	
會　　計／許鳳雪、陳嬅娟	
版權經理／郝麗珍	
行銷企劃／徐千晴、周以婷	
業務助理／王德渝	
業務專員／馬絮盈、留婉茹	
業務經理／林裕安	
總 經 理／陳絜吾	

國家圖書館出版品預行編目（CIP）資料

台指期穩賺的訊號：我用北極星投資法，只看兩個訊號、三
種 K 線任選，不用三萬本金，機械性操作年賺 30%／陳姵
伊著. -- 臺北市：大是文化，2019.07
256 面；17×23 公分. --（Biz；305）

ISBN　978-957-9654-12-8（平裝）

1. 期貨操作　2. 投資技術　3. 期貨交易

563.534　　　　　　　　　　　　　　　　　　108006384

出 版 者／大是文化有限公司
　　　　　臺北市衡陽路 7 號 8 樓
　　　　　編輯部電話：（02）23757911
　　　　　購書相關資訊請洽：（02）23757911 分機122
　　　　　24小時讀者服務傳真：（02）23756999
　　　　　讀者服務E-mail：haom@ms28.hinet.net
　　　　　郵政劃撥帳號 19983366　戶名／大是文化有限公司

法律顧問／永然聯合法律事務所
香港發行／豐達出版發行有限公司　Rich Publishing & Distribution Ltd
　　　　　香港柴灣永泰道 70 號柴灣工業城第 2 期 1805 室
　　　　　Unit 1805, Ph.2, Chai Wan Ind City, 70 Wing Tai Rd, Chai Wan, Hong Kong
　　　　　Tel：2172-6513　Fax：2172-4355
　　　　　E-mail：cary@subseasy.com.hk

封面設計／林雯瑛
內頁排版／顏麟驊
印　　刷／鴻霖印刷傳媒股份有限公司

出版日期／2019 年 7 月 3 日初版
　　　　　2020 年 10 月 27 日初版 4 刷
定　　價／新臺幣 360 元
ISBN　978-957-9654-12-8